A NOVA GUIA DA CONVERSAÇÃO,

EM PORTUGUEZ E FRANCEZ,

EM TRES PARTES,

LE NOUVEAU GUIDE DE LA CONVERSATION,

EN PORTUGAIS ET EN FRANÇAIS,

EN TROIS PARTIES:

La première contenant un Vocabulaire de mots usuels par ordre alphabétique ; la seconde, soixante Dialogues sur différens sujets ; et la troisième, un Recueil d'idiotismes, d'expressions familières et de proverbes : le tout suivi d'un Tableau comparatif des monnaies, poids et mesures de France, de Portugal et du Brésil.

PAR G. HAMONIÈRE.

A PARIS,

Chez THÉOPHILE BARROIS fils, Libraire pour les langues étrangères vivantes, quai Voltaire, n° 11.

1817.

AVIS DU LIBRAIRE.

Je préviens qu'étant propriétaire du manuscrit de cet ouvrage, et ayant déposé les exemplaires voulus par la loi, je poursuivrai avec la plus grande rigueur tout contrefacteur et tout débitant d'édition contrefaite. J'abandonnerai à celui qui me les fera connaître, la moitié des dommages et intérêts accordés par les lois.

L. Théophile BARROIS fils.

ADVERTENCIA.

Esta obra se acha dividida em tres partes. A primeira contem hum Vocabulario assaz extenso dos nomes mais frequentados. Para facilitar o seu uso, e até mesmo, para em caso de necessidade, delle se poderem servir como de hum diccionario, o distribui em differentes classes por ordem alphabetica segundo o francez, observando a mesma ordem nas palavras que cada classe contem. A segunda parte se compoem de sessenta Dialogos appropriados ás usuaes precisões da vida, nos quaes, quanto o genio das duas linguas o permittia, procurei concordar huma com a outra, introduzindo nelles sobre cada assumpto, o mais que me foi possivel, as phrases consagradas pelo uso. Finalmente, na terceira

AVERTISSEMENT.

Cet ouvrage est divisé en trois parties. La première comprend un Vocabulaire assez étendu des noms dont l'usage est le plus fréquent. Pour faciliter l'emploi de ce Vocabulaire, et afin qu'on pût, au besoin, s'en servir comme d'un dictionnaire, je l'ai partagé en différentes classes rangées par ordre alphabétique d'après le français, et j'ai observé le même ordre pour les mots que chaque classe renferme. La seconde partie se compose de soixante Dialogues appropriés aux circontances habituelles de la vie, dans lesquels j'ai fait en sorte de mettre les deux langues en correspondance, autant que le génie de chacune me le permettait, et de faire entrer le plus qu'il m'a été possible de phrases consacrées par

parte, reuni huma grande quantidade de idiotismos, expressões familiares e proverbios que de ordinario se encontrão na conversação. Foi o meu objecto, na collecção que forma esta terceira parte, dar huma idea do genio particular de cada lingua nas phrases familiares e figuradas; como porem este genio he absolutamente differente, me vi precisado a traduzir algumas expressões por outras não litteraes, mas sim equivalentes. Será pois conveniente aos estudantes que com utilidade se quizerem servir desta collecção, o procurarem no diccionario a significação das palavras, para se não enganarem na sua verdadeira accepção, e para conhecerem, em comparando as duas expressões, a differença que ha entre as duas linguas.

l'usage sur chaque sujet. Enfin, dans la troisième partie, j'ai réuni une grande quantité d'idiotismes, d'expressions familières et de proverbes qui se rencontrent souvent dans la conversation. J'ai eu pour but, dans le recueil qui forme cette troisième partie, de donner une idée du génie particulier de chaque langue dans les phrases familières et figurées; et comme ce génie est souvent absolument différent, j'ai été obligé de rendre beaucoup d'expressions par des expressions non pas littérales, mais équivalentes. Il sera donc bon que les étudians qui voudront se servir de ce recueil avec fruit, cherchent dans le dictionnaire la signification des mots, afin de n'être pas induits en erreur sur leur véritable acception, et de connaître, en comparant les deux expressions, la différence qui existe entre les deux langues.

PRIMEIRA PARTE.

PREMIÈRE PARTIE.

VOCABULARIO
PORTUGUEZ E FRANCEZ.

VOCABULAIRE
PORTUGAIS ET FRANÇAIS.

Dos Accidentes, das doenças, e cousas que lhes pertencem.	Des Accidens, des Maladies, et de ce qui y a rapport.

Hum Accesso,	*un Accès.*
O Parto,	*l'Accouchement.*
Huma Muleta,	*une Béquille.*
A Bila,	*la Bile.*
Huma Ferida,	*une Blessure.*

Huma Corcova,	*une Bosse.*
Hum Botão,	*un Bouton.*
Hum Cancro,	*un Cancer.*
A Catarata,	*la Cataracte.*
O Ataude,	*le Cercueil.*
A Remela,	*la Chassie.*
Huma Queda,	*une Chute.*
Huma Cicatriz,	*une Cicatrice.*
A Colica,	*la Colique.*
Huma Contagião,	*une Contagion.*
Huma Contusão,	*une Contusion.*
Hum Calo,	*un Cor au pied.*
Huma Patada,	*un Coup de pied.*
Huma Punhada,	*un Coup de poing.*
Huma Cortadura,	*une Coupure.*
A Diarrhea,	*le Cours de ventre.*
Huma Empigem,	*une Dartre.*
O Desmaio,	*la Défaillance.*
Hum Defeito,	*un Défaut.*
A Comichão,	*la Démangeaison.*
O Luto,	*le Deuil*
A Dieta,	*la Diète.*
A Dor,	*la Douleur.*
Huma Arranhadura,	*une Egratignure.*
Hum Tumor,	*une Enflure.*
A Rouquidão,	*l'Enrouement.*
O Enterro,	*l'Enterrement.*
Huma Torcedura,	*une Entorse.*
A Epilepsia,	*l'Epilepsie.*
O Movito,	*la Fausse-couche.*

A Febre,	*la Fièvre.*
As Sezões,	*les Fièvres.*
A Dysenteria,	*le Flux de sang.*
O Calafrio,	*le Frisson.*
A Sarna,	*la Gale.*
A Gangrena,	*la Gangrène.*
Huma Papeira,	*un Goître.*
A Gota,	*la Goutte.*
As Areas,	*la Gravelle.*
A Cura,	*la Guérison.*
A Hydropesia,	*l'Hydropisie.*
Huma Indisposição,	*une Indisposition.*
Hum Achaque,	*une Infirmité.*
A Ictericia,	*la Jaunisse.*
A Lepra,	*la Lèpre.*
Hum Lobinho,	*une Loupe.*
O Mal, a dor,	*le Mal.*
A Dor de dentes,	*le Mal de dent.*
A Dor de cabeça,	*le Mal de tête.*
A Dor de barriga,	*le Mal de ventre.*
Huma Doença,	*une Maladie.*
A Enxaqueca,	*la Migraine.*
Hum Monstro,	*un Monstre.*
A Morte,	*la Mort.*
A Opilação,	*les Pâles Couleurs.*
Huma Paralysia,	*la Paralysie.*
A Peste,	*la Peste.*
As Bexigas,	*la Petite-vérole.*
A Tisica,	*la Phthisie.*
A Pedra,	*la Pierre.*

A Pituita,	*la Pituite.*
A Pleuriz,	*la Pleurésie.*
O Pus,	*le Pus.*
Huma Pustula,	*une Pustule.*
A Raiva,	*la Rage.*
Os Remedios,	*les Remèdes.*
Hum Defluxo,	*un Rhume.*
As Rugas,	*les Rides.*
O Sarampo,	*la Rougeole.*
A Sangria,	*la Saignée.*
O Scorbuto,	*le Scorbut.*
Hum Bofetão,	*un Soufflet.*
A Surdez,	*la Surdité.*
A Tinha,	*la Teigne.*
A Tosse,	*la Toux.*
O Puxo,	*les Tranchées.*
Huma Ulcera,	*un Ulcère.*
A Vaccina,	*la Vaccine.*
Huma Verruga,	*une Verrue.*
A Vertigem,	*le Vertige.*
O Vomito,	*le Vomissement.*

Dos Affectos e Faculdades da alma; das Virtudes e Vicios.

Des Affections et des Facultés de l'Ame; des Vertus et des Vices.

A Afflicção,	*l'Affliction.*
A Ambição,	*l'Ambition.*

A Alma,	*l'Ame.*
A Amizade,	*l'Amitié.*
O Amor,	*l'Amour.*
A Applicação,	*l'Application.*
A Avareza,	*l'Avarice.*
A Barbaridade,	*la Barbarie.*
A Tolice,	*la Bêtise.*
A Boa Fé,	*la Bonne Foi.*
O Juizo,	*le Bon Sens.*
A Bondade,	*la Bonté.*
O Caracter,	*le Caractère.*
O Pezar,	*le Chagrin.*
A Caridade,	*la Charité.*
A Castidade,	*la Chasteté.*
A Colera,	*la Colère.*
A Concepção,	*la Conception.*
A Constancia,	*la Constance.*
O Valor,	*le Courage.*
O Temor,	*la Crainte.*
O Crime,	*le Crime.*
O Desgosto,	*le Dégoût.*
A Desesperação,	*le Désespoir.*
A Deshonra,	*le Déshonneur.*
O Desejo,	*le Désir.*
A Economia,	*l'Economie.*
A Esperança,	*l'Espérance.*
O Entendimento,	*l'Esprit.*
O Assombro,	*l'Etonnement.*
A Lisonja,	*la Flatterie.*
A Loucura,	*la Folie.*

O Susto,	*la Frayeur.*
A Picardia,	*la Friponnerie.*
A Generosidade,	*la Générosité.*
O Genio,	*le Génie.*
O Odio,	*la Haine.*
O Atrevimento,	*la Hardiesse.*
A Honra,	*l'Honneur.*
A Hospitalidade,	*l'Hospitalité.*
A Humanidade,	*l'Humanité.*
A Humildade,	*l'Humilité.*
A Imaginação,	*l'Imagination.*
A Impaciencia,	*l'Impatience.*
A Impiedade,	*l'Impiété.*
A Descortezia,	*l'Impolitesse.*
A Imprudencia,	*l'Imprudence.*
A Impudicicia,	*l'Impudicité.*
A Inconstancia,	*l'Inconstance.*
A Ingratidão,	*l'Ingratitude.*
A Inimizade,	*l'Inimitié.*
A Injustiça,	*l'Injustice.*
A Insolencia,	*l'Insolence.*
A Intemperança,	*l'Intempérance.*
O Ciume,	*la Jalousie.*
A Alegria,	*la Joie.*
O Juizo,	*le Jugement.*
A Justiça,	*la Justice.*
A Liberalidade,	*la Libéralité.*
A Maldade,	*la Méchanceté.*
A Melancolia,	*la Mélancolie.*
A Memoria,	*la Mémoire.*

A Mentira, *le Mensonge.*
O Desprezo, *le Mépris.*
A Ociosidade, *l'Oisiveté.*
O Orgulho, *l'Orgueil.*
A Paixão, *la Passion.*
A Paciencia, *la Patience.*
O Pensamento, *la Pensée.*
A Perfidia, *la Perfidie.*
O Medo, *la Peur.*
A Piedade, *la Piété.*
A Compaixão, *la Pitié.*
O Prazer, *le Plaisir.*
As Lagrimas, *les Pleurs,*
A Cortezia, *la Politesse.*
A Probidade, *la Probité.*
A Prodigalidade, *la Prodigalité.*
A Prudencia, *la Prudence.*
O Pudor, *la Pudeur.*
A Pusillanimidade, *la Pusillanimité.*
A Raiva, *la Rage.*
A Razão, *la Raison.*
O Agradecimento, *la Reconnaissance.*
A Reflexão, *la Réflexion.*
O Arrependimento, *le Repentir.*
O Riso, *le Ris.*
O Sentido commum, *le Sens commun.*
Os Sentidos, *les Sens.*
A Sobriedade, *la Sobriété.*
O Desejo, *le Souhait.*
A Suspeita, *le Soupçon.*

A Temeridade,	*la Témérité.*
A Ternura,	*la Tendresse.*
A Tristeza,	*la Tristesse.*
A Vingança,	*la Vengeance.*
A Verdade,	*la Vérité.*
A Vontade,	*la Volonté.*

Dos Animaes, e das suas pertenças.	Des Animaux, et de ce qui en dépend.
Huma Abelha,	*une Abeille.*
Huma Aguia,	*un Aigle.*
Hum Asno,	*un Ane.*
Hum Animal,	*un Animal.*
Huma Aranha,	*une Araignée.*
Huma Espinha,	*une Arête.*
Huma Balea,	*une Baleine.*
Huma Besta,	*une Bête.*
Os Animaes bravios,	*les Bêtes sauvages.*
Huma Cerva,	*une Biche.*
Hum Boi,	*un Bœuf.*
Hum Cabrão,	*un Bouc.*
Huma Ovelha,	*une Brebis.*
Hum Bufalo,	*un Buffle.*
Huma Cantarida,	*une Cantharide.*
Hum Castor,	*un Castor.*

Hum Veado,	*un Cerf.*
Hum Camelo,	*un Chameau.*
Huma Camurça,	*un Chamois.*
Hum Pintasilgo,	*un Chardonneret.*
Hum Gato,	*un Chat.*
Hum Morcego,	*une Chauve-souris.*
Huma Lagarta,	*une Chenille.*
Hum Cavallo,	*un Cheval.*
Hum Cavallo marinho,	*un Cheval marin.*
Huma Cabra,	*une Chèvre.*
Hum Cabrito,	*un Chevreau.*
Hum Cão,	*un Chien.*
Hum Cão de agoa,	*un Chien barbet.*
Hum Cão rasteiro,	*un Chien basset.*
Hum Cão de mostra,	*un Chien couchant.*
Hum Cão de caça,	*un Chien courant.*
Hum Cação,	*un Chien de mer.*
Huma Cigarra,	*une Cigale.*
Huma Cegonha,	*une Cigogne.*
O Casulo,	*le Cocon.*
Hum Gallo,	*un Coq.*
A Concha,	*la Coquille,*
Hum Corvo,	*un Corbeau.*
O Corno,	*la Corne.*
Hum Cuco,	*un Coucou.*
Huma Cobra,	*une Couleuvre.*
Hum Mosquito,	*un Cousin.*
Hum Cisne,	*un Cygne.*
Hum Sapo,	*un Crapaud.*
A Crista,	*la Créte.*

A Crina,	*la Crinière.*
As Crinas,	*les Crins.*
Hum Crocodilo,	*un Crocodile.*
Hum Gamo,	*un Daim.*
As Prezas,	*les Défenses.*
Hum Dogue,	*un Dogue.*
O Vello,	*le Duvet.*
A Escama,	*l'Ecaille.*
Hum Esquilo,	*un Ecureuil.*
Hum Elefante,	*un Eléphant.*
Hum Gavião,	*un Epervier.*
Os Esporões,	*les Ergots.*
Hum Garanhão,	*un Etalon.*
Huma Doninha,	*une Fouine.*
Huma Formiga,	*une Fourmi.*
Hum Furão,	*un Furet.*
Huma Rãa,	*une Grenouille.*
Hum Grou,	*une Grue.*
Huma Vespa,	*une Guêpe.*
Huma Guela,	*une Gueule.*
Hum Besouro,	*un Hanneton.*
Hum Ouriço,	*un Hérisson.*
Hum Arminho,	*une Hermine.*
Hum Bufo,	*un Hibou.*
Huma Andorinha,	*une Hirondelle.*
Hum Insecto,	*un Insecte.*
Huma Egoa,	*une Jument.*
A Lãa,	*la Laine.*
Hum Leopardo,	*un Léopard.*
Hum Galgo,	*un Lévrier.*

Hum Lagarto,	*un Lézard.*
Hum Caracol,	*un Limaçon.*
Huma Pintarroxa,	*une Linotte.*
Hum Leão,	*un Lion.*
Hum Lobo,	*un Loup.*
Hum Lince,	*un Lynx.*
Huma Marta,	*une Martre.*
Hum Mastim,	*un Mâtin.*
Hum Merlo,	*un Merle.*
Hum Pardal,	*un Moineau.*
Huma Mosca,	*une Mouche.*
Hum Mu,	*un Mulet.*
As Barbatanas,	*les Nageoires.*
O Ninho,	*le Nid.*
Huma Ave,	*un Oiseau.*
Hum Passaro de Arribação,	*un Oiseau de passage.*
Huma Ave de rapina,	*un Oiseau de proie.*
As Guelras,	*les Ouïes.*
Hum Urso,	*un Ours.*
Huma Panthera,	*une Panthère.*
Hum Pavão,	*un Paon.*
Huma Borboleta,	*un Papillon.*
As Patas,	*les Pattes.*
Hum Papagaio,	*un Perroquet.*
Huma Pega,	*une Pie.*
As Plumas,	*les Plumes.*
Hum Peixe,	*un Poisson.*
O Peito,	*le Poitrail.*
Hum Porco,	*un Porc.*

Hum Porco espinho,	*un Porc-épic.*
Hum Piolho,	*un Pou.*
Hum Potro,	*un Poulain.*
Huma Pulga,	*une Puce.*
Hum Percevejo,	*une Punaise.*
A Cauda,	*la Queue.*
O Gorgeio,	*le Ramage.*
Hum Rato,	*un Rat.*
Huma Raposa,	*un Renard.*
Hum Rangifer,	*un Renne.*
Hum Rouxinol,	*un Rossignol.*
Huma Sanguisuga,	*une Sangsue.*
Hum Canario,	*un Serin.*
Huma Serpente,	*un Serpent.*
As Prezas,	*les Serres.*
Hum Macaco,	*un Singe.*
As Sedas,	*les Soies.*
Hum Rato,	*une Souris.*
Huma Toupeira,	*une Taupe.*
Hum Touro,	*un Taureau.*
Hum Tigre,	*un Tigre.*
A Tuzão,	*la Toison.*
Huma Rola,	*une Tourterelle.*
Huma Porca,	*une Truie.*
Huma Vaca,	*une Vache.*
Hum Abutre,	*un Vautour.*
Hum Bezerro,	*un Veau.*
Hum Bicho,	*un Ver.*
Hum Bicho da seda,	*un Ver-à-soie.*
A Bicharia,	*la Vermine.*

Dos Astros, dos Elementos, e cousas que lhes pertencem.	Des Astres, des Élémens, et de ce qui y a rapport.
O Ar,	*l'Air.*
Hum Arco da velha,	*un Arc-en-ciel.*
Os Astros,	*les Astres.*
A Atmosphera,	*l'Atmosphère.*
A Aurora boreal,	*l'Aurore boréale.*
Hum Chuveirão,	*une Averse.*
A Nevoa,	*le Brouillard.*
A Calma,	*la Chaleur.*
O Luar,	*le Clair de la lune.*
Hum Cometa,	*une Comète.*
O Degelo,	*le Dégel.*
O Diluvio,	*le Déluge,*
O Quarto mingoante,	*le Dernier quartier.*
A Agoa,	*l'Eau.*
Hum Relampago,	*un Eclair.*
Hum Eclipse,	*une Eclipse.*
A Escuma,	*l'Ecume.*
Os Elementos,	*les Elémens.*
O Levante,	*l'Est.*
Huma Faisca,	*une Etincelle.*
As Estrellas,	*les Etoiles.*
O Fogo,	*le Feu.*
A Chamma,	*la Flamme.*
O Fluxo,	*le Flux.*

O Frio,	*le Froid.*
O Fumo,	*la Fumée.*
A Geada,	*la Gelée.*
A Geada branca,	*la Gelée blanche.*
O Gelo,	*la Glace.*
Hum Caramelo,	*un Glaçon.*
A Pedra,	*la Grêle.*
A Humidade,	*l'Humidité.*
A Luz,	*la Lumière.*
A Lua,	*la Lune.*
Os Meteoros,	*les Météores.*
O Sul,	*le Midi.*
A Neve,	*la Neige.*
O Norte,	*le Nord.*
O Nordeste,	*le Nord-est.*
O Noroeste,	*le Nord-ouest.*
A Lua nova,	*la Nouvelle Lune.*
As Nuvens,	*les Nuages.*
A Sombra,	*l'Ombre.*
Huma Borrasca,	*un Orage.*
O Poente,	*l'Ouest.*
Os Planetas,	*les Planètes.*
A Lua cheia,	*la Pleine Lune.*
A Chuva,	*la Pluie.*
O Quarto crescente,	*le Premier Quartier.*
Os Raios do sol,	*les Rayons du soleil.*
O Refluxo,	*le Reflux.*
O Orvalho,	*la Rosée.*
A Aridez,	*la Sécheresse.*
O Sol,	*le Soleil.*

O Sul,	*le Sud.*
O Tempo,	*le Temps.*
As Trevas,	*les Ténèbres.*
O Trovão,	*le Tonnerre.*
Hum Terremoto,	*un Tremblement de terre.*
O Vapor,	*la Vapeur.*
O Vento,	*le Vent.*
O Regelo,	*le Verglas.*

Da Bebida e Comida.	Du Boire et du Manger.
Damascos,	*des Abricots.*
Alho,	*de l'Ail.*
Cotovias,	*des Alouettes.*
Lombo de Vaca,	*de l'Aloyau.*
Amendoas,	*des Amandes.*
Anchovas,	*des Anchois.*
Chouriços,	*des Andouilles.*
Anguia,	*de l'Anguille.*
Alcachofras,	*des Artichauts.*
Espargos,	*des Asperges,*
Barbo,	*du Barbeau.*
Gallinholas,	*des Bécasses.*
Filhós,	*des Beignets.*
Manteiga,	*du Beurre.*
Cerveja,	*de la Bière.*

Vaca,	*du Bœuf.*
Chouriço de sangue,	*du Boudin.*
Cozido,	*du Bouilli.*
Papas,	*de la Bouillie.*
Caldo,	*du Bouillon.*
Lucio,	*du Brochet.*
Café,	*du Café.*
Codornizes,	*des Cailles.*
Adem,	*du Canard.*
Canela,	*de la Cannelle.*
Alcaparras,	*des Câpres.*
Cenoura,	*de la Carotte.*
Carpa,	*de la Carpe.*
Aipo,	*du Céleri.*
Veado,	*du Cerf.*
Cerefolio,	*du Cerfeuil.*
Ginjas,	*des Cerises.*
Salcichão,	*du Cervelas.*
Cogumelos,	*des Champignons.*
Capão,	*du Chapon.*
Castanhas,	*des Châtaignes.*
Cabrito montez,	*du Chevreuil.*
Chicoria,	*de la Chicorée.*
Chocolate,	*du Chocolat.*
Couves,	*des Choux.*
Couves flores,	*des Choux-fleurs.*
Cidra,	*du Cidre.*
Limões,	*des Citrons.*
Hum Leitão,	*un Cochon de lait.*
Marmelos,	*des Coings.*

Conservas,	*des Compotes.*
Pepinos,	*des Concombres.*
Doces,	*des Confitures.*
Caldo de substancia,	*un Consommé.*
Pepinitos,	*des Cornichons.*
Costelinhas,	*des Côtelettes.*
Nata,	*de la Crème.*
Mastruço,	*du Cresson.*
Peru,	*du Dindon.*
Confeitos,	*des Dragées.*
Agoardente,	*de l'Eau-de-vie.*
Bolinhos,	*des Echaudés.*
Caranguejos,	*des Ecrevisses.*
Huma Espadoa,	*une Epaule.*
Espinafres,	*des Epinards.*
Solho,	*de l'Esturgeon.*
Faisão,	*du Faisan.*
Favas,	*des Féves.*
Figos,	*des Figues.*
Figado,	*du Foie.*
Morangos,	*des Fraises.*
Framboezas,	*des Framboises.*
Fricandó,	*du Fricandeau.*
Fricassé,	*de la Fricassée.*
Fritada,	*de la Friture.*
Queijo,	*du Fromage.*
Fruta,	*du Fruit.*
Bolos,	*des Gâteaux.*
Filhós,	*des Gaufres.*
Gelea,	*de la Gelée.*

Caça,	*du Gibier.*
Huma Perna de carneiro,	*un Gigot.*
Gengibre,	*du Gingembre.*
Cravos,	*du Girofle.*
Perna de vaca,	*du Gîte.*
Gordo,	*du Gras.*
Romãas,	*des Grenades.*
Tordos,	*des Grives.*
Groselhas,	*des Groseilles.*
Cerejas,	*des Guignes.*
Picado,	*du Hachis.*
Arenque,	*du Hareng.*
Feijões,	*des Haricots.*
Ervas,	*des Herbes.*
Azeite,	*de l'Huile.*
Ostras,	*des Huîtres.*
Presunto,	*du Jambon.*
Sumo,	*du Jus.*
Kirs-vasser,	*du Kirsch-wasser.*
Leite,	*du Lait.*
Alface,	*de la Laitue.*
Lamprea,	*de la Lamproie.*
Coelho,	*du Lapin.*
Loureiro,	*du Laurier.*
Legumes,	*des Légumes.*
Lentilhas,	*des Lentilles.*
Lebre,	*du Lièvre.*
Limonada;	*de la Limonade.*
Licores,	*des Liqueurs.*

Hum Lombo de vitela,	*une Longe de veau.*
Macarrões,	*des Macarons.*
Magro,	*du Maigre.*
Sarda,	*du Maquereau.*
Marmelada,	*de la Marmelade.*
Maçapães,	*des Massepains.*
Melão,	*du Melon.*
Pescadinha,	*du Merlan.*
Mel,	*du Miel.*
Bacalhão,	*de la Morue.*
Mostarda,	*de la Moutarde.*
Carneiro,	*du Mouton.*
Amoras,	*des Mûres.*
Moscada,	*de la Muscade.*
Nesperas,	*des Nèfles.*
Avelãas,	*des Noisettes.*
Nozes,	*des Noix.*
Ovos,	*des OEufs.*
Ovos fritos,	*des OEufs pochés.*
Ovos molles,	*des OEufs mollets.*
Ovos duros,	*des OEufs durs.*
Pato,	*de l'Oie.*
Cebolas,	*des Oignons.*
Azeitonas,	*des Olives.*
Pastel de ovos,	*de l'Omelette.*
Laranjas,	*des Oranges.*
Orxata,	*de l'Orgeat.*
Cenchramos,	*des Ortolans.*
Azedas,	*de l'Oseille.*
Pastel,	*du Pâté.*

Pastelaria,	*de la Pâtisserie.*
Pecegos,	*des Pêches.*
Perdizes,	*des Perdrix.*
Salsa,	*du Persil.*
Cerveja inferior,	*de la Petite Bière.*
Pastelinhos,	*des Petits Pâtés.*
Pombos,	*des Pigeons.*
Alhos porros,	*des Poireaux.*
Peras,	*des Poires.*
Ervilhas,	*des Pois.*
Peixe de rio,	*du Poisson d'eau douce.*
Peixe de mar,	*du Poisson de mer.*
Hum Peito,	*une Poitrine.*
Pimenta,	*du Poivre.*
Maçãas,	*des Pommes.*
Batatas,	*des Pommes de terre.*
Porco,	*du Porc.*
Franga,	*de la Poularde.*
Gallinha,	*de la Poule.*
Frango,	*du Poulet.*
Amendoas torradas,	*des Pralines.*
Ameixas,	*des Prunes.*
Ponche,	*du Punch.*
Succo de Ervilhas,	*de la Purée.*
Hum Guisado,	*un Ragoût.*
Arraia,	*de la Raie.*
Uvas,	*des Raisins.*
Passas,	*des Raisins secs.*
Rosasolis,	*du Ratafia.*
Rabãos,	*des Raves.*

Mollejas de vitela,	*des Ris de veau.*
O Asado,	*le Rôti.*
Açafrão,	*du Safran.*
Salada,	*de la Salade.*
Javali,	*du Sanglier.*
Sardinhas,	*des Sardines.*
Molho,	*de la Sauce.*
Salsichas,	*des Saucisses.*
Salsichões,	*des Saucissons.*
Salmão,	*du Saumon.*
Sal,	*du Sel.*
Xarope,	*du Sirop.*
Sorvete,	*du Sorbet.*
Sopa,	*de la Soupe.*
Assucar,	*du Sucre.*
Chá,	*du Thé.*
Atum,	*du Thon.*
Torta,	*de la Tourte.*
Tubaras da terra,	*des Truffes.*
Truta,	*de la Truite.*
Rodovalho,	*du Turbot.*
Vitela,	*du Veau.*
Veação,	*de la Venaison.*
Aletria,	*du Vermicelle.*
Carne,	*de la Viande.*
Carne de fumo,	*de la Viande fumée.*
Carne salgada,	*de la Viande salée.*
Vinho branco,	*du Vin blanc.*
Vinho de Borgonha,	*du Vin de Bourgogne.*
Vinho de Champanha,	*du Vin de Champagne.*

Vinho doce,	*du Vin doux.*
Vinho de Hespanha,	*du Vin d'Espagne.*
Vinho de França,	*du Vin de France.*
Vinho generoso,	*du Vin de liqueur.*
Vinho de Malvasia,	*du Vin de Malvoisie.*
Vinho moscatel,	*du Vin muscat.*
Vinho do Porto,	*du Vin de Porto.*
Vinho do Rheno,	*du Vin du Rhin.*
Vinho tinto,	*du Vin rouge.*
Vinagre,	*du Vinaigre.*
Ave domestica,	*de la Volaille.*

De Deos, e das cousas relativas ao culto divino.	De Dieu, et des choses relatives au culte divin.
Os Anjos,	*les Anges.*
Antiphona,	*une Antienne.*
Hum Apostolo,	*un Apôtre.*
Os Archanjos,	*les Archanges.*
O Altar,	*l'Autel.*
O Baptismo,	*le Baptême.*
A Biblia,	*la Bible.*
Os Bemaventurados,	*les Bienheureux.*
O Caliz,	*le Calice.*
Hum Calvinista,	*un Calviniste.*
O Catecismo,	*le Catéchisme.*
Hum Catholico,	*un Catholique.*
O Pulpito,	*la Chaire.*

A Capella,	*la Chapelle.*
Hum Christão,	*un Chrétien.*
O Ceo,	*le Ciel.*
O Sino,	*la Cloche.*
A Communhão,	*la Communion.*
O Confessionario,	*le Confessionnal.*
A Cruz,	*la Croix.*
O Culto,	*le Culte.*
Os Condenados,	*les Damnés.*
O Diavo,	*le Diable.*
Deos,	*Dieu.*
A Sagrada Escritura,	*l'Ecriture sainte.*
A Igreja,	*l'Eglise.*
Inferno,	*l'Enfer.*
Hum Enterro,	*un Enterrement.*
A Epistola,	*l'Epître.*
A Eternidade,	*l'Eternité.*
Hum Evangelista,	*un Evangéliste.*
O Evangelio,	*l'Evangile.*
A Fé,	*la Foi.*
A Heresia,	*l'Hérésie.*
Huma Hostia,	*une Hostie.*
Hum Hymno,	*une Hymne.*
Hum Idolo,	*une Idole.*
A Immortalidade,	*l'Immortalité.*
Jesu-Christo,	*Jésus-Christ.*
Hum Judeo,	*un Juif.*
A Liturgia,	*la Liturgie.*
Hum Lutherano,	*un Luthérien.*
O Estante,	*le Lutrin.*

Hum Mahometano,	*un Mahométan.*
O Casamento,	*le Mariage.*
Hum Martyr,	*un Martyr.*
A Missa,	*la Messe.*
O Officio,	*l'Office.*
A Oração dominical,	*l'Oraison dominicale.*
Hum Pagão,	*un Païen.*
O Paraiso,	*le Paradis.*
Hum Sacerdote,	*un Prêtre.*
A Oração,	*la Prière.*
Hum Profeta,	*un Prophète.*
Hum Protestante,	*un Protestant.*
Hum Psalmo,	*un Psaume.*
O Purgatorio,	*le Purgatoire.*
Hum Reformado,	*un Réformé.*
A Religião,	*la Religion.*
Os Sacramentos,	*les Sacremens.*
O Espirito Santo,	*le Saint-Esprit.*
Os Santos,	*les Saints.*
O Sanctuario,	*le Sanctuaire.*
O Schisma,	*le Schisme.*
Huma Seita,	*une Secte.*
O Sermão,	*le Sermon.*
A Synagoga,	*la Synagogue.*
Hum Templo,	*un Temple.*
A Trindade,	*la Trinité.*
As Vesperas,	*les Vêpres.*
Hum Verseto,	*un Verset.*
A Virgem,	*la Vierge.*

Das Dignidades, Profissões e Officios.	Des Dignités, des Professions et des Métiers.
Hum Abbade,	*un Abbé.*
Hum Embaixador,	*un Ambassadeur.*
Hum Boticario,	*un Apothicaire.*
Hum Arcebispo,	*un Archevêque.*
Hum Archiduque,	*un Archiduc.*
Hum Arquitecto,	*un Architecte.*
Hum Armeiro,	*un Armurier.*
Hum Official,	*un Artisan.*
Hum Artista,	*un Artiste.*
Hum Estalajadeiro,	*un Aubergiste.*
Hum Capellão,	*un Aumônier.*
Hum Autor,	*un Auteur.*
Hum Advogado,	*un Avocat.*
Hum Procurador,	*un Avoué.*
Hum Balio,	*un Bailli.*
Hum Banqueiro,	*un Banquier.*
Hum Barão,	*un Baron.*
Hum Barqueiro,	*un Batelier.*
Hum Pastor,	*un Berger.*
Huma Lavandeira,	*une Blanchisseuse.*
Hum Torneiro,	*un Boisselier.*
Hum Carniceiro,	*un Boucher.*
Huma Ramalheteira,	*une Bouquetière.*
Hum Padeiro,	*un Boulanger.*

Hum Cidadão,	*un Bourgeois.*
Hum Albardeiro,	*un Bourrelier.*
Hum Cervejeiro,	*un Brasseur.*
Hum Taverneiro,	*un Cabaretier.*
Hum Botequineiro,	*un Cafetier.*
Hum Caixeiro,	*un Caissier.*
Hum Cardador,	*un Cardeur.*
Hum Cardeal,	*un Cardinal.*
Hum Camarista,	*un Chambellan.*
Hum Surrador,	*un Chamoiseur.*
O Chanceller,	*le Chancelier.*
Hum Cambiador,	*un Changeur.*
Hum Conego,	*un Chanoine.*
Hum Sombreireiro,	*un Chapelier.*
Hum Toucinheiro,	*un Charcutier.*
Hum Carregador,	*un Chargeur.*
Hum Carpinteiro,	*un Charpentier.*
Hum Carpinteiro de carros,	*un Charron.*
Hum Caldeireiro,	*un Chaudronnier.*
Hum Cavalleiro,	*un Chevalier.*
Hum Cirurgião,	*un Chirurgien.*
Hum Cocheiro,	*un Cocher.*
Hum Comediante,	*un Comédien.*
Hum Escrevente,	*un Commis.*
Hum Commissario,	*un Commissaire.*
Hum Compositor,	*un Compositeur.*
Hum Conde,	*un Comte.*
Hum Conselheiro,	*un Conseiller.*
Hum Consul,	*un Consul.*

Hum Sapateiro,	*un Cordonnier.*
Hum Correeiro,	*un Corroyeur.*
Hum Volante,	*un Coureur.*
Hum Corretor,	*un Courtier.*
Hum Cutileiro,	*un Coutelier.*
Huma Costureira,	*une Couturière.*
Hum Telhador,	*un Couvreur.*
Hum Mariolá,	*un Crocheteur.*
Hum Cozinheiro,	*un Cuisinier.*
Hum Cura,	*un Curé.*
Hum Limpador de sapatos,	*un Décrotteur.*
Hum Dentista,	*un Dentiste.*
Hum Director,	*un Directeur.*
Hum Doctor,	*un Docteur.*
Hum Creado,	*un Domestique.*
Hum Duque,	*un Duc.*
Hum Ebanista,	*un Ebéniste.*
Hum Vereador,	*un Echevin.*
Hum Escudeiro,	*un Ecuyer.*
Hum Eleitor,	*un Electeur.*
Hum Enfardador,	*un Emballeur.*
Hum Imperador,	*un Empereur.*
Hum Enviado,	*un Envoyé.*
Hum Especieiro,	*un Epicier.*
Hum Bispo,	*un Evêque.*
Hum Louceiro,	*un Faïencier.*
Hum Funileiro,	*un Ferblantier.*
Hum Fundidor,	*un Fondeur.*
Hum Luveiro,	*un Gantier.*

O Chanceller môr,	*le Garde des sceaux.*
Hum Carcereiro,	*un Geôlier.*
Hum Fidalgo,	*un Gentilhomme.*
Hum Governador,	*un Gouverneur.*
Hum Mercador de grãos,	*un Grainier.*
Hum Grão-duque,	*un Grand-duc.*
Hum Abridor,	*un Graveur.*
Hum Escrivão,	*un Greffier.*
Hum Relojoeiro,	*un Horloger.*
Huma Imperatriz,	*une Impératrice.*
Hum Impressor,	*un Imprimeur.*
Hum Impressor de estampas finas,	*un Imprimeur en taille-douce.*
Hum Engenheiro,	*un Ingénieur.*
Hum Inspector,	*un Inspecteur.*
Hum Jardineiro,	*un Jardinier.*
Hum Juiz,	*un Juge.*
Hum Juiz de paz,	*un Juge de paix.*
Hum Lavrador,	*un Laboureur.*
Huma Leiteira,	*une Laitière.*
Hum Lacaio,	*un Laquais.*
Huma Lavandeira,	*une Lavandière.*
Hum Bahuleiro,	*un Layetier.*
Hum Livreiro,	*un Libraire.*
Hum Licenciado,	*un Licencié.*
Hum Violeiro,	*un Luthier.*
Hum Pedreiro,	*un Maçon.*
Hum Corregedor,	*un Maire.*
Hum Mestre,	*un Maître.*
Hum Mestre de esgrima,	*un Maître d'armes.*

Hum Mestre de canto,	*un Maître de chant.*
Hum Mestre de baile,	*un Maître de danse.*
Hum Mestre de escola,	*un Maître d'école.*
Hum Mestre de escrever,	*un Maître d'écriture.*
Hum Mordomo,	*un Maître d'hôtel.*
Hum Mestre de linguas,	*un Maître de langues.*
Hum Mestre de musica,	*un Maître de musique.*
Hum Mestre em artes,	*un Maître-ès-arts.*
Hum Obreiro,	*un Manœuvre.*
Hum Tanganhão,	*un Maquignon.*
Hum Mercador,	*un Marchand.*
Hum Mercador de panos,	*un Marchand de drap.*
Hum Mercador de vinho,	*un Marchand de vin.*
Huma Modista,	*une Marchande de modes.*
Hum Ferrador,	*un Maréchal-ferrant.*
Hum Marmitão,	*un Marmiton.*
Hum Marquez,	*un Marquis.*
Hum Marinheiro,	*un Matelot.*
Hum Medico,	*un Médecin.*
Hum Marceneiro,	*un Menuisier.*
Hum Bofarinheiro,	*un Mercier.*
Hum Mensageiro,	*un Messager.*
Hum Moleiro,	*un Meunier.*
Hum Ministro de estado,	*un Ministre d'état.*
Hum Frade,	*un Moine.*
Hum Musico,	*un Musicien.*
Hum Negociante,	*un Négociant.*

Hum Notario,	*un Notaire.*
Hum Optico,	*un Opticien.*
Hum Ourives,	*un Orfévre.*
Hum Official,	*un Ouvrier.*
Hum Par,	*un Pair.*
O Papa,	*le Pape.*
Hum Mercador de papel,	*un Papetier.*
Hum Perfumista,	*un Parfumeur.*
Hum Passamaneiro,	*un Passementier.*
Hum Pasteleiro,	*un Pâtissier.*
Hum Calceteiro,	*un Paveur.*
Hum Pescador,	*un Pêcheur.*
Hum Cabelleireiro,	*un Perruquier.*
Hum Plenipotenciario,	*un Plénipotentiaire.*
Huma Peixinheira,	*une Poissonnière.*
Hum Mariolá,	*un Portefaix.*
Hum Picheleiro,	*un Potier d'étain.*
Hum Oleiro,	*un Potier de terre.*
Hum Presidente,	*un Président.*
Hum Sacerdote,	*un Prêtre.*
Hum Principe,	*un Prince.*
Hum Professor,	*un Professeur.*
Hum Quincalheiro,	*un Quincaillier.*
Huma Palmilhadeira,	*une Ravaudeuse.*
A Rainha,	*la Reine.*
Hum Encadernador,	*un Relieur.*
Hum Estalajadeiro,	*un Restaurateur.*
Hum Revendão,	*un Revendeur.*
El Rei,	*le Roi.*
Huma Parteira,	*une Sage-femme.*

Hum Remendão,	*un Savetier.*
Hum Escultor,	*un Sculpteur.*
Hum Secretario,	*un Secrétaire.*
Hum Secretario de estado,	*un Secrétaire d'état.*
Hum Selleiro,	*un Sellier.*
Hum Senhor,	*un Seigneur.*
Hum Senador,	*un Sénateur.*
Hum Alfaiate,	*un Tailleur.*
Hum Canteiro,	*un Tailleur de pierre.*
Hum Tapeceiro,	*un Tapissier.*
Hum Tintureiro,	*un Teinturier.*
Hum Estalajadeiro,	*un Teneur d'hôtel.*
Hum Guarda-livros,	*un Teneur de livres.*
Hum Tecelão,	*un Tisserand.*
Hum Toneleiro,	*un Tonnelier.*
Hum Thesoureiro,	*un Trésorier.*
Hum Guarda-roupa,	*un Valet de chambre.*
Hum Cesteiro,	*un Vannier.*
Hum Vice-Rei,	*un Vice-roi.*
Hum Visconde,	*un Vicomte.*
Hum Vinhateiro,	*un Vigneron.*
Hum Vinagreiro,	*un Vinaigrier.*
Hum Vidraceiro,	*un Vitrier.*
Hum Arrieiro,	*un Voiturier.*

Da Professaõ militar, e suas pertenças.	De l'Etat militaire, et des choses qui y ont rapport.
A Carreta do Canhão,	*l'Affût.*
Hum Ajudante,	*un Aide-major,*
O Rebate,	*l'Alarme.*
A Chamada,	*l'Appel.*
Huma Bésta,	*une Arbalète.*
O Exercito,	*l'Armée.*
As Armas,	*les Armes.*
Hum Arcabuz,	*une Arquebuse.*
A Artilheria,	*l'Artillerie.*
O Assalto,	*l'Assaut.*
O Ataque,	*l'Attaque.*
A Bagagem,	*le Bagage.*
A Vareta,	*la Baguette.*
A Baioneta,	*la Baïonnette.*
A Bala,	*la Balle.*
A Escorva,	*le Bassinet,*
O Baluarte,	*le Bastion.*
A Batalha,	*la Bataille.*
Hum Batalhão,	*un Bataillon.*
Huma Bateria,	*une Batterie.*
O Bivaque,	*le Bivouac.*
O Bloqueo,	*le Blocus.*
A Bomba,	*la Bombe.*
A Bala do Canhão,	*le Boulet.*

Huma Brecha,	*une Brèche.*
Hum Campo,	*un Camp.*
Hum Campo volante,	*un Camp volant.*
O Canhão,	*le Canon.*
O Taverneiro de arraial,	*le Cantinier.*
O Capitão,	*le Capitaine.*
A Capitulação,	*la Capitulation.*
Hum Cabo,	*un Caporal.*
A Carabina,	*la Carabine.*
Hum Carabineiro,	*un Carabinier.*
O Cartuxo,	*la Cartouche.*
Huma Casamata,	*une Casemate.*
Hum Capacete,	*un Casque.*
La Cavallaria,	*la Cavalerie.*
Hum Soldado de Cavallo,	*un Cavalier.*
O Rancho,	*la Chambrée.*
Hum Caçador,	*un Chasseur.*
Hum Cavallinho de frisa,	*un Cheval de frise.*
Hum Cavallo ligeiro,	*un Chevau-léger.*
O Gatilho,	*le Chien du fusil.*
Hum Cirurgião mór,	*un Chirurgien-major.*
Huma Citadella,	*une Citadelle.*
Hum Coronel,	*un Colonel.*
O Combate,	*le Combat.*
O Commandante da praça,	*le Commandant de la place.*
O Commissario da guerra,	*le Commissaire des guerres.*

Huma Companhia,	*une Compagnie.*
A Licença,	*le Congé.*
A Senha,	*la Consigne.*
Hum Comboi,	*un Convoi.*
Hum Corpo da guarda,	*un Corps-de-garde.*
Huma Colubrina,	*une Coulevrine.*
Hum Golpe com baioneta,	*un Coup de baïonnette.*
Hum Canhonaço,	*un Coup de canon.*
Huma Estocada,	*un Coup d'épée.*
Huma Esporada,	*un Coup d'éperon.*
Huma Frechada,	*un Coup de flèche.*
Hum Tiro,	*un Coup de fusil.*
Huma Machadada,	*un Coup de hache.*
Hum Golpe com alabarda,	*un Coup de hallebarde.*
Huma Lançada,	*un Coup de lance.*
Hum Mosquetaço,	*un Coup de mousquet.*
Hum Golpe com pique,	*un Coup de pique.*
Hum Tiro de pistola,	*un Coup de pistolet.*
Huma Punhalada,	*un Coup de poignard.*
Hum Golpe com alfange,	*un Coup de sabre.*
Huma Faca de mato,	*un Couteau de chasse.*
As Ameias,	*les Créneaux.*
A Culatra,	*la Crosse.*
Huma Couraça,	*une Cuirasse.*
Hum Couraceiro,	*un Cuirassier.*
Hum Desfiladeiro,	*un Défilé.*
Os Exteriores,	*les Dehors.*

Huma Meia Lua,	*une Demi-lune.*
O Deposito,	*le Dépôt.*
A Derrota,	*la Déroute.*
Hum Desertor,	*un Déserteur.*
Hum Destacamento,	*un Détachement.*
O Descanço,	*la Détente.*
Hum Dragão,	*un Dragon.*
A Bandeira,	*le Drapeau.*
A Boca da peça,	*l'Embouchure du canon.*
Huma Canhoneira,	*une Embrasure.*
Huma Emboscada,	*une Embuscade.*
Hum Alistador,	*un Enrôleur.*
Hum Alferes,	*un Enseigne.*
A Espada,	*l'Epée.*
O Armamento,	*l'Equipement.*
Hum Esquadrão,	*un Escadron.*
Huma Escaramuça,	*une Escarmouche.*
Huma Escolta,	*une Escorte.*
Huma Espia,	*un Espion.*
Huma Explanada,	*une Esplanade.*
A Primeira Plana,	*l'Etat-major.*
O Exercicio,	*l'Exercice.*
Huma Fachina,	*une Fascine.*
Huma Frecha,	*une Flèche.*
A Forragem,	*le Fourrage.*
Hum Furriel,	*un Fourrier.*
Huma Funda,	*une Fronde.*
Huma Espingarda,	*un Fusil.*
Hum Fuzileiro,	*un Fusilier.*

A Guarda,	*la Garde.*
Hum Guarda do corpo,	*un Garde-du-corps.*
A Guarnição da espada,	*la Garde de l'épée.*
A Guarnição,	*la Garnison.*
Hum Gendarme,	*un Gendarme.*
Hum General,	*un Général.*
A Engenheria,	*le Génie.*
A Bolsa,	*la Gibecière.*
A Cartucheira,	*la Giberne.*
O Governador,	*le Gouverneur.*
Huma Granada,	*une Grenade.*
Hum Granadeiro,	*un Grenadier.*
A Guarita,	*la Guérite.*
A Guerra,	*la Guerre.*
As Polainas,	*les Guêtres.*
Huma Guia,	*un Guide.*
A Gola,	*le Hausse-col.*
A Paga alta,	*la Haute-paye.*
Hum Husar,	*un Hussard.*
A Infantaria,	*l'Infanterie.*
Hum Inspector de Revistas,	*un Inspecteur aux revues.*
Huma Lança,	*une Lance.*
Hum Lanceiro,	*un Lancier.*
Hum Tenente,	*un Lieutenant.*
Hum Tenente Coronel,	*un Lieutenant-colonel.*
Hum Tenente General,	*un Lieutenant-général.*
O Fogão,	*la Lumière d'une arme.*
O Major,	*le Major.*
A Manobra,	*la Manœuvre.*

A Marcha,	*la Marche.*
Hum Marechal,	*un Maréchal.*
Hum Marechal de campo,	*un Maréchal-de-camp.*
Hum Quartel Mestre,	*un Maréchal-des-logis.*
A Mecha,	*la Mèche.*
Huma Mina,	*une Mine.*
Hum Minador,	*un Mineur.*
O Morteiro,	*le Mortier.*
Hum Mosquete,	*un Mousquet.*
Hum Mosqueteiro,	*un Mousquetaire.*
As Municões,	*les Munitions.*
Hum Official,	*un Officier.*
A Ordem,	*l'Ordre.*
A Paz,	*la Paix.*
As Paliçadas,	*les Palissades.*
O Parapeito,	*le Parapet.*
Hum Partido,	*un Parti.*
Huma Passagem,	*un Passage.*
A Patrulha,	*la Patrouille.*
A Paga,	*la Paye.*
O Saque,	*le Pillage.*
Hum Pique,	*une Pique.*
Huma Pistola,	*un Pistolet.*
A Praça de armas,	*la Place d'armes.*
A Chave,	*la Platine du fusil.*
Hum Punhal,	*un Poignard.*
Hum Polvorinho,	*une Poire à poudre.*
Huma Ponte de bateis,	*un Pont de bateaux.*
Hum Pontão,	*un Ponton.*

Hum Pontoneiro,	*un Pontonnier.*
O Posto,	*le Poste.*
A Polvora,	*la Poudre.*
O Prevoste,	*le Prévôt.*
O Quartel general,	*le Quartier général.*
As Filas,	*les Rangs.*
As Recrutas,	*les Recrues.*
Hum Reducto,	*une Redoute.*
A Reforma,	*la Réforme.*
O Regimento,	*le Régiment.*
A Muralha,	*le Rempart.*
A Retirada,	*la Retraite,*
A Revista,	*la Revue,*
A Ronda,	*la Ronde,*
O Alfange,	*le Sabre.*
Huma Sabaratana,	*une Sarbacane.*
Huma Salva Guarda,	*une Sauvegarde.*
A Parada,	*le Séjour.*
A Sentinella,	*la Sentinelle.*
Hum Sargento,	*un Sergent.*
O Primeiro Sargento,	*le Sergent-major.*
O Cerco,	*le Siége.*
Hum Soldado,	*un Soldat.*
Hum Segundo Tenente,	*un Sous-lieutenant.*
Hum Official subalterno,	*un Sous-officier.*
Huma Surpreza,	*une Surprise.*
Hum Tambor,	*un Tambour.*
Huma Barraca,	*une Tente.*
Hum Timbaleiro,	*un Timbalier.*

Hum Escaramuçador,	*un Tirailleur.*
O Sacabalas,	*le Tire-balle.*
Huma Torre,	*une Tour.*
Huma Trincheira,	*une Tranchée.*
Huma Tregoa,	*une Trève.*
Hum Trombeta,	*un Trompette.*
O Uniforme,	*l'Uniforme.*
Huma Sentinella de cavallaria,	*une Vedette.*
A Victoria,	*la Victoire.*
Huma Cidade forte.	*une Ville forte.*
Huma Vivandeira,	*une Vivandière.*

Do Homem, e cousas que lhe pertencem.	De l'Homme, et de ce qui y a rapport.
O Semblante,	*l'Air.*
Huma Arteria,	*une Artère.*
O Adormecimento,	*l'Assoupissement.*
A Barba,	*la Barbe.*
A Formosura,	*la Beauté.*
A Boca,	*la Bouche.*
As Tripas,	*les Boyaux.*
O Braço,	*le Bras.*
O Cadaver,	*le Cadavre.*
O Cerebro,	*le Cerveau.*
Os Miolos,	*la Cervelle.*
Os Encantos,	*les Charmes.*

Os Cabellos,	*les Cheveux.*
O Tornozelo,	*la Cheville du pied.*
As Pestanas,	*les Cils.*
O Coração,	*le Cœur.*
O Corpo,	*le Corps.*
O Lado,	*le Côté.*
As Costelas,	*les Côtes.*
O Pescoço,	*le Cou.*
O Cotovelo,	*le Coude.*
O Escarro,	*le Crachat.*
O Craneo,	*le Crâne.*
Hum Grido,	*un Cri.*
As Coxas,	*les Cuisses.*
Huma Senhora,	*une Dame.*
O Andar,	*la Démarche.*
Huma Senhorita,	*une Demoiselle.*
Os Dentes,	*les Dents.*
O Trazeiro,	*le Derrière.*
A Digestão,	*la Digestion.*
Os Dedos,	*les Doigts.*
As Costas,	*le Dos.*
As Costas da mão,	*le Dos de la main.*
A Boa Disposição,	*l'Embonpoint.*
A Infancia,	*l'Enfance.*
Hum Menino,	*un Enfant.*
O Entorpecimento,	*l'Engourdissement.*
As Entranhas,	*les Entrailles.*
Os Hombros,	*les Epaules.*
O Estomago,	*l'Estomac.*
O Espirro,	*l'Eternument.*

Huma Mulher, *une Femme.*
As Nadegas, *les Fesses.*
Huma Rapariga, *une Fille.*
O Figado, *le Foie.*
A Testa, *le Front.*
Hum Rapaz, *un Garçon.*
As Gengivas, *les Gencives.*
Os Joelhos, *les Genoux.*
Os Geitos, *les Gestes.*
A Garganta, *la Gorge.*
A Guela, *le Gosier.*
O Gosto, *le Goût.*
A Respiração, *l'Haleine.*
As Cadeiras, *les Hanches.*
Hum Homem, *un Homme.*
O Soluço, *le Hoquet.*
A Perna, *la Jambe.*
Hum Moço, *un Jeune Homme.*
A Mocidade, *la Jeunesse.*
Huma Juntura, *une Jointure.*
As Faces, *les Joues.*
A Fealdade, *la Laideur.*
A Lingua, *la Langue.*
As Lagrimas, *les Larmes.*
Os Beiços, *les Lèvres.*
A Queixada, *la Mâchoire.*
A Magreza, *la Maigreur.*
A Mão, *la Main.*
A Mão direita, *la Main droite.*
A Mão esquerda, *la Main gauche.*

Hum Membro,	*un Membre.*
A Barba,	*le Menton.*
O Tutano,	*la Moelle.*
A Barriga da perna,	*le Mollet.*
O Muco,	*la Morve.*
Os Bigodes,	*les Moustaches.*
Hum Musculo,	*un Muscle.*
As Ventas,	*les Narines.*
Os Nervos,	*les Nerfs.*
O Nariz,	*le Nez.*
O Embigo,	*le Nombril.*
A Nuca,	*la Nuque.*
O Cheiro,	*l'Odorat.*
O Olho,	*l'Œil.*
As Unhas,	*les Ongles.*
A Orelha,	*l'Oreille.*
Os Ossos,	*les Os.*
O Ouvido,	*l'Ouïe.*
O Paladar,	*le Palais de la bouche.*
A Palavra,	*la Parole.*
O Passo,	*le Pas.*
A Palpebra,	*la Paupière.*
A Palma da mão,	*la Paume de la main.*
A Pelle,	*la Peau.*
O Pé,	*le Pied.*
A Sola do pé,	*la Plante du pied.*
O Punho,	*le Poing.*
O Peito,	*la Poitrine.*
O Dedo polegar,	*le Pouce.*
O Pulso,	*le Pouls.*

O Bofe,	*le Poumon.*
A Menina do olho,	*la Prunelle.*
O Baço,	*la Rate.*
Os Rins,	*les Reins.*
O Riso,	*le Rire.*
O Ronco,	*le Ronflement.*
A Saliva,	*la Salive.*
O Sangue,	*le Sang.*
A Saude,	*la Santé.*
Os Sentidos,	*les Sens.*
O Seio,	*le Sein.*
O Sono,	*le Sommeil.*
Húm Suspiro,	*un Soupir.*
A Sobrancelha,	*le Sourcil.*
O Suor,	*la Sueur.*
O Tacto,	*le Tact.*
A Estatura,	*la Taille.*
O Calcanhar,	*le Talon.*
A Tez do rosto,	*le Teint.*
As Fontes,	*les Tempes.*
Hum Tendão,	*un Tendon.*
A Cabeça,	*la Tête.*
O Tacto,	*le Toucher.*
As Feições,	*les Traits.*
A Ourina,	*l'Urine.*
As Veias,	*les Veines.*
A Barriga,	*le Ventre.*
A Bexiga,	*la Vessie.*
A Vida,	*la Vie.*
O Velho,	*le Vieillard.*

A Velhice,	*la Vieillesse.*
A Virilidade,	*la Virilité.*
A Cara,	*le Visage.*
A Voz,	*la Voix.*
A Vista,	*la Vue.*

Dos Jogos, e Exercicios do corpo.	Des Jeux, et des Exercices du corps.
Hum As,	*un As.*
Hum Trunfo,	*un Atout.*
Huma Pela,	*une Balle.*
Hum Ballão,	*un Ballon.*
Huma Palheta,	*un Battoir.*
O Bilhar,	*le Billard.*
Huma Bola,	*une Bille.*
A Ventanilha,	*la Blouse.*
Huma Bola,	*une Boule.*
Os Ouros,	*le Carreau.*
As Cartas,	*les Cartes.*
Huma Casa,	*une Case.*
Hum Cavalleiro,	*un Cavalier.*
O Papagaio de papel.	*le Cerf-volant.*
A Caça.	*la Chasse.*
A Caça de passaros,	*la Chasse aux oiseaux.*
As Copas,	*le Cœur.*
A Cabra cega,	*le Colin-maillard.*

Hum Covilhete,	*un Cornet.*
A Cavalgada,	*la Course à cheval.*
A Correria,	*la Course à pied.*
A Sortija,	*la Course de bague.*
Huma Dama,	*une Dame.*
As Damas,	*les Dames.*
O Taboleiro das damas,	*le Damier.*
A Dança,	*la Danse.*
Hum Dado,	*un Dé.*
Hum Dez,	*un Dix.*
O Xadrez,	*les Echecs.*
O Taboleiro do xadrez,	*l'Echiquier.*
A Entrada,	*l'Enjeu.*
A Equitação,	*l'Equitation.*
A Esgrima,	*l'Escrime.*
Huma Figura,	*une Figure.*
Hum Delfim,	*un Fou.*
O Imperial,	*l'Impériale.*
Os Tentos,	*les Jetons.*
O Jogo,	*le Jeu.*
Hum Baralho,	*un Jeu de cartes.*
O Jogo de sorte,	*le Jeu de hasard.*
A Picaria,	*le Manége.*
A Nadadura,	*la Natation.*
Hum Nove,	*un Neuf.*
Os Chapins,	*les Patins.*
A Pela,	*la Paume.*
A Pesca,	*la Péche.*
Hum Peão,	*un Pion.*
As Espadas,	*le Pique.*

Os Centos,	*le Piquet.*
O Passeio,	*la Promenade.*
Hum Taco,	*une Queue.*
Os Páos,	*les Quilles.*
Huma Raqueta,	*une Raquette.*
Huma Rainha,	*une Reine.*
Hum Rei,	*un Roi.*
O Salto,	*le Saut.*
Huma Pitorra,	*une Toupie.*
Hum Roque,	*une Tour.*
Os Páos,	*le Trèfle.*
O Trictrac,	*le Trictrac.*
O Trunfo,	*la Triomphe.*
O Valete,	*le Valet.*
Hum Volante,	*un Volant.*

Da Marinha.	De la Marine.
Hum Almirante,	*un Amiral.*
Huma Ancora,	*une Ancre.*
Hum Aspirante,	*un Aspirant.*
Huma Barca,	*une Barque.*
O Bombordo,	*le Bâbord.*
Huma Banda,	*une Bordée.*
O Segundo Contramestre,	*le Bosseman.*
A Bussola,	*la Boussole.*

Hum Brulote,	*un Brûlot.*
Hum Calabre,	*un Câble.*
O Capitão,	*le Capitaine.*
Huma Chalupa,	*une Chaloupe.*
Hum Chefe de esquadra,	*un Chef d'escadre.*
O Commissario da marinha,	*le Commissaire de marine.*
O Contra-almirante,	*le Contre-amiral.*
As Cordas,	*les Cordages.*
Huma Corda,	*une Corde.*
Hum Corsario,	*un Corsaire.*
A Esquipação,	*l'Equipage.*
A Esquadra,	*l'Escadre.*
As Flammulas,	*les Flammes.*
A Frota,	*la Flotte.*
O Porão,	*le Fond de cale.*
Huma Fragata,	*une Frégate.*
Huma Bombardeira,	*une Galiote à bombes.*
Hum Guarda-costa,	*un Garde-côté.*
O Leme,	*le Gouvernail.*
A Verga grande,	*la Grande Vergue.*
A Gavia,	*la Hune.*
O Lastro,	*le Lest.*
Hum Tenente,	*un Lieutenant.*
Hum Mestre,	*un Maître.*
Hum Marinheiro,	*un Marin.*
Os Mastos,	*les Mâts.*
Hum Gurmete,	*un Mousse.*
Hum Paquebote,	*un Paquebot.*
Hum Pavilhão,	*un Pavillon.*

Hum Piloto,	*un Pilote.*
A Ponte,	*le Pont.*
A Poppa,	*la Poupe.*
A Proa,	*la Proue.*
A Portinhola,	*le Sabord.*
A Sonda,	*la Sonde.*
O Estibordo,	*le Stribord.*
O Convez,	*le Tillac.*
O Timão,	*le Timon.*
Hum Navio,	*un Vaisseau.*
Huma Náo,	*un Vaisseau de guerre.*
Hum Navio mercante,	*un Vaisseau marchand.*
Hum Navio de transporte,	*un Vaisseau de transport.*
O Vice-almirante,	*le Vice-amiral.*
As Velas,	*les Voiles.*

Dos Moveis, e cousas relativas ao serviço da casa. — Des Meubles, et des choses relatives au ménage.

Huma Mecha,	*une Allumette.*
A Isca,	*l'Amadou.*
Hum Armario,	*une Armoire.*
Hum Prato,	*une Assiette.*
A Escova,	*le Balai.*
Huma Balança,	*une Balance.*
Hum Banco,	*un Banc.*

Hum Barril,	*un Baril.*
Huma Bacia,	*un Bassin.*
Hum Esquentador,	*une Bassinoire.*
O Cobre de cozinha,	*la Batterie de cuisine.*
Hum Berço,	*un Berceau.*
Hum Talho,	*un Billot.*
Huma Madeira de leito,	*un Bois de lit.*
Huma Guarnição,	*une Bordure.*
A Rolha,	*le Bouchon.*
A Botelha,	*la Bouteille.*
O Fuzil,	*le Briquet.*
O Espeto,	*la Broche.*
O Espetinho,	*la Brochette.*
O Bufete,	*le Buffet.*
Huma Bandeja,	*un Cabaret.*
A Cafeteira,	*la Cafetière.*
A Torneira,	*la Cannelle.*
Huma Cadeira,	*une Chaise.*
Huma Cadeira de retrete,	*une Chaise percée.*
Hum Castiçal,	*un Chandelier.*
Os Madeiros,	*les Chantiers.*
A Caldeira,	*la Chaudière.*
O Caldeirão,	*le Chaudron.*
Os Ferros da chaminé,	*les Chenets.*
Hum Bahu,	*un Coffre.*
Huma Cesta,	*une Corbeille.*
Huma Machadinha,	*un Couperet.*
Huma Colcha,	*une Courtepointe,*
Huma Almofada,	*un Coussin.*

4

Huma Faca,	*un Couteau.*
Huma Tampa,	*un Couvercle.*
O Cobertor,	*la Couverture.*
O Gancho na chaminé,	*la Crémaillère.*
Huma Quarta,	*une Cruche.*
Huma Colher,	*une Cuiller.*
Huma Bacia das mãos,	*une Cuvette.*
Hum Lençol,	*un Drap.*
Huma Escada de mão,	*une Echelle.*
Hum Abano,	*un Ecran.*
Huma Escumadeira,	*une Ecumoire.*
O Gral,	*l'Egrugeoir.*
O Funil,	*l'Entonnoir.*
A Esponja,	*l'Eponge.*
Huma Toalha de mãos,	*un Essuie-main.*
A Louça vidrada,	*la Faïence.*
Huma Cadeira de braços,	*un Fauteuil.*
Hum Ferro de engommar,	*un Fer à repasser.*
Hum Frasco,	*un Flacon.*
Hum Garfo,	*une Fourchette.*
Huma Bainha,	*une Gaîne.*
Hum Espelho,	*une Glace.*
As Grelhas,	*le Gril.*
Huma Canastra,	*une Hotte.*
A Galheta,	*l'Huilier.*
Huma Folha,	*une Lame.*
A Brucha,	*la Lampe.*
A Lanterna,	*la Lanterne.*
A Lardeadeira,	*la Lardoire.*

A Pingadeira,	*la Lèchefrite.*
Huma Cama,	*un Lit.*
Hum Lustre,	*un Lustre.*
O Escabello,	*le Marchepied.*
A Marmita,	*la Marmite.*
O Colchão,	*le Matelas.*
O Almofariz,	*le Mortier.*
O Espivitador,	*les Mouchettes.*
O Moinho de café,	*le Moulin à café.*
A Toalha da meza,	*la Nappe.*
A Almofadinha,	*l'Oreiller.*
Hum Enxergão,	*une Paillasse.*
Hum Cesto,	*un Panier.*
Hum Biombo,	*un Paravent.*
Huma Pá,	*une Pelle.*
Huma Pendula,	*une Pendule.*
O Pedernal,	*la Pierre à briquet.*
O Pilão,	*le Pilon.*
As Tenazes,	*les Pincettes.*
A Chapa da chaminé,	*la Plaque de cheminée.*
Hum Prato grande,	*un Plat.*
Huma Frigideira,	*une Poéle.*
Huma Estufa,	*un Poéle.*
A Caixa da pimenta,	*la Poivrière.*
A Louça da India,	*la Porcelaine.*
Huma Guarda-roupa,	*un Porte-manteau.*
Hum Pratinho de espivitador,	*un Porte-mouchettes.*
Hum Jarro,	*un Pot à l'eau.*
Huma Panella,	*un Pot au feu.*

Hum Vaso de flores,	*un Pot de fleurs,*
Hum Bispote,	*un Pot de nuit.*
Hum Ralador,	*une Râpe.*
O Rechó,	*le Réchaud.*
As Cortinas,	*les Rideaux.*
O Saleiro,	*la Salière.*
O Balde,	*le Seau.*
Os Guardanapos,	*les Serviettes.*
Hum Pires,	*une Soucoupe.*
O Folle,	*le Soufflet.*
Huma Meza,	*une Table.*
Hum Painel,	*un Tableau.*
Hum Tamborete,	*un Tabouret.*
Huma Fronha,	*une Taie d'oreiller.*
Hum Tapete,	*un Tapis.*
A Tapeçaria,	*la Tapisserie.*
Huma Xicara,	*une Tasse.*
A Colgadura,	*la Tenture.*
Huma Chaleira,	*une Théière.*
Hum Sacarolhas,	*un Tire-bouchon.*
Huma Gaveta,	*un Tiroir.*
O Tonel,	*le Tonneau.*
A Rodilha,	*le Torchon.*
O Engenho do espeto,	*le Tourne-broche.*
A Torteira,	*la Tourtière.*
Huma Trempe,	*un Trépied.*
A Baixela,	*la Vaisselle.*
Hum Vaso,	*un Vase.*
Hum Copo,	*un Verre.*

Dos Mineraes, e das suas pertenças.	Des Minéraux, et de ce qui en dépend.
O Aço,	*l'Acier.*
A Agata,	*l'Agate.*
O Iman,	*l'Aimant.*
O Bronze,	*l'Airain.*
O Alabastro,	*l'Albâtre.*
O Alume,	*l'Alun.*
A Amatista,	*l'Améthyste.*
O Antimonio,	*l'Antimoine.*
A Ardosia,	*l'Ardoise.*
A Prata,	*l'Argent.*
O Barro,	*l'Argile.*
O Arsenico,	*l'Arsenic.*
O Ladrilho,	*la Brique.*
O Bronze,	*le Bronze.*
Hum Calháo,	*un Caillou.*
Huma Pedreira,	*une Carrière.*
O Alvaiade,	*la Céruse.*
A Cal,	*la Chaux.*
A Greda,	*la Craie.*
O Lapiz,	*le Crayon noir.*
O Cristal,	*le Cristal.*
O Cobre,	*le Cuivre.*
Hum Diamante,	*un Diamant.*
A Esmeralda,	*l'Emeraude.*

O Estanho,	*l'Etain.*
O Ferro,	*le Fer.*
A Folha de Flandes,	*le Fer-blanc.*
O Arame,	*le Fil d'archal.*
O Granito,	*le Granit.*
O Latão,	*le Laiton.*
O Marmore,	*le Marbre.*
Hum Metal,	*un Métal.*
Huma Mina,	*une Mine.*
Hum Mineral,	*un Minéral.*
O Ouro,	*l'Or.*
O Ouropimente,	*l'Orpiment.*
A Pedra,	*la Pierre.*
Huma Pedra de fogo,	*une Pierre à feu.*
Huma Cantaria,	*une Pierre de taille.*
Huma Pedra preciosa,	*une Pierre précieuse.*
O Gesso,	*le Plâtre.*
O Chumbo,	*le Plomb.*
Huma Rocha,	*une Roche.*
A Ferrugem,	*la Rouille.*
Hum Rubim,	*un Rubis.*
A Area,	*le Sable.*
O Salitre,	*le Salpêtre.*
O Lapis vermelho,	*la Sanguine.*
Huma Safira,	*un Saphir.*
O Sal,	*le Sel.*
O Enxofre,	*le Soufre.*
O Ferro batido,	*la Tôle.*
O Topazio,	*la Topaze.*
A Telha,	*la Tuile.*

O Vermelhão,	*le Vermillon.*
O Vidro,	*le Verre.*
O Verdete,	*le Vert-de-gris.*
O Azougue,	*le Vif-argent.*
O Vitriolo,	*le Vitriol.*
O Zinco,	*le Zinc.*

Moedas, Pesos e Medidas.	Monnaies, Poids et Mesures.
Huma Geira de terra,	*un Arpent de terre.*
Huma Vara,	*une Aune.*
Huma Balança,	*une Balance.*
Hum Barril,	*un Baril.*
Huma Braça,	*une Brasse.*
Hum Quartilho,	*une Chopine.*
Hum Covado,	*une Coudée.*
Hum Meio Arratel,	*une Demi-livre.*
Hum Franco,	*un Franc.*
Huma Jornada,	*une Journée.*
Huma Legoa,	*une Lieue.*
Huma Linha,	*une Ligne.*
Hum Arratel,	*une Livre.*
Huma Medida,	*une Mesure.*
Huma Milha,	*un Mille.*
A Moeda,	*la Monnaie.*
Hum Moio,	*un Muid.*
Huma Onça,	*une Once.*

Hum Passo,	*un Pas.*
Huma Vara de terra,	*une Perche de terre.*
Dous Selamins,	*un Picotin.*
Huma Peça de prata,	*une Pièce d'argent.*
Huma Peça de cinco francos,	*une Pièce de 5 francs.*
Huma Peça de ouro,	*une Pièce d'or.*
Huma Peça de vinte francos,	*une Pièce de 20 francs.*
Huma Peça de quaranta francos,	*une Pièce de 40 francs.*
Hum Pé,	*un Pied.*
Huma Meia Canada,	*une Pinte.*
Hum Peso,	*un Poids.*
Hum Punhado,	*une Poignée.*
Huma Polegada,	*un Pouce.*
Hum Quarteirão,	*un Quarteron.*
Hum Quintal,	*un Quintal.*
Hum Meio Quartilho,	*un Demi-setier.*
Hum Soldo,	*un Sou.*
Huma Toeza,	*une Toise.*

Da Musica, e dos Instrumentos. — De la Musique, et des Intrumens.

Huma Aria,	*un Air.*
Huma Viola,	*un Alto.*

Huma Lingueta,	*une Anche.*
Hum Arco,	*un Archet.*
Hum Violoncello,	*une Basse.*
O Baixo,	*la Basse-taille.*
Hum Baixão,	*un Basson.*
O Bequadro,	*le Béçarre.*
O Bemol,	*le Bémol.*
Huma Cadencia,	*une Cadence.*
O Canto,	*le Chant.*
O Cavallete,	*le Chevalet.*
Huma Clarineta,	*une Clarinette.*
Hum Clavicordio,	*un Clavecin.*
A Clave,	*la Clef.*
A Colofonia,	*la Colophane.*
Hum Concerto,	*un Concert.*
Hum Concerto,	*un Concerto.*
Hum Contrabaixo,	*une Contre-basse.*
Huma Trompa,	*un Cor.*
Huma Corneta de montaria,	*un Cor de chasse.*
As Cordas,	*les Cordes.*
O Tiple,	*le Dessus.*
O Diesis,	*le Dièse.*
A Postura dos dedos,	*le Doigter.*
A Expressão,	*l'Expression.*
O Tiple,	*le Fausset.*
Hum Pifano,	*un Fifre.*
A Frauta pequena,	*le Flageolet.*
Huma Frauta,	*une Flûte.*
Huma Frauta doce,	*une Flûte à bec.*

Huma Frauta travessa,	*une Flûte traversière.*
A Gamma,	*la Gamme.*
Huma Guitarra,	*une Guitare.*
A Harmonia,	*l'Harmonie.*
Huma Arpa,	*une Harpe.*
O Oboe,	*le Hautbois.*
O Contralto,	*la Haute-contre.*
Instrumentos de cordas,	*Instrumens à cordes.*
Instrumentos de vento,	*Instrumens à vent.*
Hum Alaude,	*un Luth.*
Huma Lyra,	*une Lyre.*
As Notas,	*les Notes.*
Hum Orgão,	*un Orgue.*
Huma Sonata,	*une Sonate.*
Huma Symphonia,	*une Symphonie.*
O Tom,	*le Ton.*
O Traste,	*la Touche.*
Huma Rebeca,	*un Violon.*

Dos Utensilios, e das cousas relativas ás operações mecanicas.	Des Outils, et des choses qui ont rapport aux opérations mécaniques.

Huma Agulha,	*une Aiguille.*
Huma Sovela,	*une Alêne.*
Hum Remo,	*un Aviron.*
Huma Pá,	*un Battoir.*

Hum Buril,	*un Burin.*
Huma Caldeira,	*une Chaudière.*
Hum Sinzel,	*un Ciseau.*
A Tesoura,	*les Ciseaux.*
Hum Prego,	*un Clou.*
Hum Machado,	*une Cognée.*
Huma Cunha,	*un Coin.*
A Colla,	*la Colle.*
O Grude,	*la Colle forte.*
O Compasso,	*le Compas.*
Hum Dedal,	*un Dé.*
Huma Dobadoura,	*un Dévidoir.*
Huma Bigorna,	*une Enclume.*
Hum Alfinete,	*une Epingle.*
Huma Esquadria,	*une Equerre.*
Hum Torquez,	*un Etau.*
O Fio,	*le Fil.*
Huma Rede,	*un Filet.*
A Forja,	*la Forge.*
Huma Forma,	*une Forme.*
Hum Fuso,	*un Fuseau.*
Hum Machado,	*une Hache.*
Hum Anzol,	*un Hameçon.*
Hum Mação,	*une Hie.*
Huma Lima,	*une Lime.*
Hum Maço,	*un Maillet.*
Hum Martello,	*un Marteau.*
Hum Tear,	*un Métier.*
Huma Mó,	*une Meule.*
Huma Nassa,	*une Nasse.*

Huma Lançadeira,	*une Navette.*
O Furador,	*le Perçoir.*
O Pincel,	*le Pinceau.*
Huma Roca,	*une Quenouille.*
Hum Cepilho,	*un Rabot.*
Hum Remo,	*une Rame.*
A Regra,	*la Règle.*
Huma Roda de fiar,	*un Rouet.*
A Serra,	*la Scie.*
Hum Tamiz,	*un Tamis.*
A Tenaz,	*les Tenailles.*
Hum Torno,	*un Tour.*
Huma Trubla,	*une Truble.*
Huma Trolha,	*une Truelle.*
Hum Verrumão.	*un Vilebrequin.*

Do Parentesco, e das suas pertenças.	De la Parenté, et de ce qui y tient.
O Primogenito,	*l'Aîné.*
Os Avos,	*les Aïeux.*
A Affinidade,	*l'Alliance.*
Os Alliados,	*les Alliés.*
Hum Amante,	*un Amant.*
O Bisneto,	*l'Arrière-petit-fils.*
A Bisneta,	*l'Arrière-petite-fille.*
Hum Bastardo,	*un Bâtard.*

O Enteado,	*le Beau-fils.*
O Cunhado,	*le Beau-frère.*
O Sogro, Padrasto,	*le Beau-père.*
A Enteada,	*la Belle-fille.*
A Sogra, Madrasta,	*la Belle-mère.*
A Cunhada,	*la Belle-sœur.*
O Bisavô,	*le Bisaïeul.*
A Bisavó,	*la Bisaïeule.*
A Nora,	*la Bru.*
O Filho mais moço,	*le Cadet.*
A Comadre,	*la Commère.*
O Compadre,	*le Compère.*
O Primo,	*le Cousin.*
A Prima,	*la Cousine.*
O Dote,	*la Dot.*
O Menino,	*l'Enfant.*
A Esposa,	*l'Epouse.*
O Esposo,	*l'Epoux.*
A Familia,	*la Famille.*
A Mulher,	*la Femme.*
Os Esponsaes,	*les Fiançailles.*
O Desposado,	*le Fiancé.*
A Desposada,	*la Fiancée.*
A Filha,	*la Fille.*
O Afilhado,	*le Filleul.*
A Afilhada,	*la Filleule.*
O Filho,	*le Fils.*
O Irmão,	*le Frère.*
O Noivo,	*le Futur.*
A Noiva,	*la Future.*

O Genro,	*le Gendre.*
A Genealogia,	*la Généalogie.*
A Avó,	*la Grand'mère.*
O Avô,	*le Grand-père.*
O Herdeiro,	*l'Héritier.*
Os Gemeos,	*les Jumeaux.*
Huma Amiga,	*une Maîtresse.*
O Marido,	*le Mari.*
O Casamento,	*le Mariage.*
A Madrinha,	*la Marraine.*
A Mai,	*la Mère.*
O Sobrinho,	*le Neveu.*
A Sobrinha,	*la Nièce.*
As Bodas,	*les Noces.*
O Apellido da casa.	*le Nom de famille.*
O Tio,	*l'Oncle.*
Os Parentes,	*les Parens.*
O Parentesco,	*la Parenté.*
O Padrinho,	*le Parrain.*
A Neta,	*la Petite-fille.*
O Neto,	*le Petit-fils.*
O Pai,	*le Père.*
A Posteridade,	*la Postérité.*
O Prenome,	*le Prénom.*
O Pupillo,	*le Pupille.*
A Irmãa,	*la Sœur.*
O Sobrenome,	*le Surnom.*
A Tia,	*la Tante.*
A Tutela,	*la Tutelle.*
O Tutor,	*le Tuteur.*

Das Partes da Casa.	Des Parties de la Maison.
Hum Passadiço,	*une Allée.*
Huma Anticamara,	*une Antichambre.*
Hum Quarto,	*un Appartement.*
Hum Telheiro,	*un Auvent.*
O Balcão,	*le Balcon.*
A Balaustrada,	*la Balustrade.*
Hum Edificio,	*un Bâtiment.*
Huma Meia Porta,	*un Battant.*
A Loja,	*la Boutique.*
Hum Gabinete,	*un Cabinet.*
A Cava,	*la Cave.*
Hum quadro de chaminé,	*un Chambranle.*
O Aposento,	*la Chambre.*
A Camara,	*la Chambre à coucher.*
O Bastidor,	*le Châssis.*
A Chaminé,	*la Cheminée.*
A Chave,	*la Clef.*
A Porta da janella,	*le Contrevent.*
O Corredor,	*le Corridor.*
A Cozinha,	*la Cuisine.*
O Entulho,	*les Décombres.*
Hum Degráo,	*un Degré.*
Huma Escada de mão,	*une Echelle.*
A Cavalheriça,	*l'Ecurie.*
Hum Sinal,	*une Enseigne.*

A Escada,	*l'Escalier.*
Huma Estrada,	*une Estrade.*
Hum Andar,	*un Etage.*
Hum Sumidouro,	*un Evier.*
A Janella,	*la Fenêtre.*
Os Fundamentos,	*les Fondemens.*
O Fogareiro,	*le Fourneau.*
O Fogão,	*le Foyer.*
A Galeria,	*la Galerie.*
A Grimpa,	*la Girouette.*
Hum Gonzo,	*un Gond.*
A Goteira,	*la Gouttière.*
O Celleiro,	*le Grenier.*
Hum Telheiro,	*un Hangar.*
As Gelosias,	*les Jalousies.*
Os Forros,	*les Lambris.*
A Latrina,	*les Latrines.*
Huma Ripa,	*une Latte.*
A Tranqueta,	*le Loquet.*
Huma Trapeira,	*une Lucarne.*
O Armazem,	*le Magasin.*
A Casa,	*la Maison.*
A Escarpa da chaminé,	*le Manteau de la cheminée.*
A Aldrava,	*le Marteau.*
Hum Muro,	*un Mur.*
A Despensa,	*l'Office.*
O Patamar,	*le Palier.*
O Poyal,	*le Perron.*
Hum Quicio,	*un Pivot.*

O Forro,	*le Plafond.*
Huma Taboa,	*une Planche.*
O Pavimento,	*le Plancher.*
A Pompa,	*la Pompe.*
A Porta,	*la Porte.*
O Portão,	*la Porte cochère.*
A Polé,	*la Poulie.*
Huma Viga,	*une Poutre.*
O Poço,	*le Puits.*
Hum Lanço,	*une Rampe.*
A Grade da mangedoura,	*le Râtelier.*
A Cocheira,	*la Remise.*
O Chão da casa,	*le Rez-de-chaussée.*
A Sala,	*la Salle.*
O Salão,	*le Salon.*
A Fechadura,	*la Serrure.*
O Lumiar,	*le Seuil.*
Hum Barrote,	*une Solive.*
A Campainha,	*la Sonnette.*
Hum Entresolho,	*une Soupente.*
Hum Respiradouro,	*un Soupirail.*
A Ferrugem,	*la Suie.*
A Tapeçaria,	*la Tapisserie.*
O Telhado,	*le Toit.*
Huma Ventosa,	*une Ventouse.*
O Ferrolho,	*le Verrou.*
O Vestibulo,	*le Vestibule.*
Os Vidros,	*les Vitres.*

Das Partes do Universo, e dos Povos.	Des Parties de l'Univers, et des Peuples.
Hum Africano,	*un Africain.*
A Africa,	*l'Afrique.*
A Alemanha,	*l'Allemagne.*
Hum Alemão,	*un Allemand.*
Hum Americano,	*un Américain.*
A America,	*l'Amérique.*
Hum Inglez,	*un Anglais.*
A Inglaterra,	*l'Angleterre.*
Hum Arabe,	*un Arabe.*
A Arabia,	*l'Arabie.*
O Archipelago,	*l'Archipel.*
Hum Asiatico,	*un Asiatique.*
A Asia,	*l'Asie.*
A Barbaria,	*la Barbarie.*
A Bohemia,	*la Bohéme.*
Hum Cabo,	*un Cap.*
A China,	*la Chine.*
Hum Chinez,	*un Chinois.*
O Ceo,	*le Ciel.*
Hum Continente,	*un Continent.*
A Dinamarca,	*le Danemarck.*
Hum Dinamarquez,	*un Danois.*
Hum Estreito,	*un Détroit.*
Hum Escocez,	*un Ecossais.*
A Escocia,	*l'Ecosse.*

O Egypto,	*l'Egypte.*
Hum Imperio,	*un Empire.*
A Hespanha,	*l'Espagne.*
Hum Hespanhol,	*un Espagnol.*
Hum Estado,	*un Etat.*
Os Estados Unidos,	*les Etats-Unis.*
A Europa,	*l'Europe.*
Hum Europeo,	*un Européen.*
Hum Francez,	*un Français.*
A França,	*la France.*
Hum Golfo,	*un Golfe.*
Hum Grego,	*un Grec.*
A Grecia,	*la Grèce.*
Hum Hollandez,	*un Hollandais.*
A Hollanda,	*la Hollande.*
A Hungria,	*la Hongrie.*
Hum Hungaro,	*un Hongrois.*
Huma Ilha,	*une Ile.*
As Indias,	*les Indes.*
Hum Indio,	*un Indien.*
Hum Irlandez,	*un Irlandais.*
A Irlanda,	*l'Irlande.*
Hum Isthmo,	*un Isthme.*
A Italia,	*l'Italie.*
Hum Italiano,	*un Italien.*
O Mar,	*la Mer.*
Napoles,	*Naples.*
Hum Napolitano,	*un Napolitain.*
A Noroega,	*la Norwége.*
Hum Noroegiano,	*un Norwégien.*

O Oceano,	*l'Océan.*
Hum Persa,	*un Persan.*
A Persia,	*la Perse.*
A Polonia,	*la Pologne.*
Hum Polaco,	*un Polonais.*
Hum Portuguez,	*un Portugais.*
Portugal,	*le Portugal.*
Huma Peninsula,	*une Presqu'île.*
Hum Principado,	*une Principauté.*
Huma Provincia,	*une Province.*
A Prussia,	*la Prusse.*
Hum Prussiano,	*un Prussien.*
Huma Republica,	*une République.*
Hum Reino,	*un Royaume.*
Hum Russo,	*un Russe.*
A Russia,	*la Russie.*
A Suecia,	*la Suède.*
Hum Sueco,	*un Suédois.*
A Suiça,	*la Suisse.*
Hum Suiço,	*un Suisse.*
Hum Tartaro,	*un Tartare.*
A Tartaria,	*la Tartarie.*
A Terra,	*la Terre.*
As Terras austraes,	*les Terres australes.*
Hum Territorio,	*un Territoire.*
Hum Toscano,	*un Toscan.*
A Toscana,	*la Toscane.*
Hum Turco,	*un Turc.*
A Turquia,	*la Turquie.*
O Universo,	*l'Univers.*

Da Pintura e das Côres.	De la Peinture et des Couleurs.
Huma Antiqualha,	*une Antique.*
A Postura,	*l'Attitude.*
O Azul,	*l'Azur.*
Hum Baixo-relevo,	*un Bas-relief.*
A Ferrugem,	*le Bistre.*
O Branco,	*le Blanc.*
O Azul,	*le Bleu.*
O Escuro,	*le Brun.*
Hum Camafeo,	*un Camée.*
A Composição,	*la Composition.*
Huma Copia,	*une Copie.*
O Carmesim,	*le Cramoisi.*
O Lapis,	*le Crayon.*
A Roupagem,	*la Draperie.*
A Escarlata,	*l'Ecarlate.*
O Effeito,	*l'Effet.*
A Tinta da China,	*l'Encre de la Chine.*
Huma Prova antes da letra,	*une Epreuve avant la lettre.*
Huma Prova commua,	*une Epreuve ordinaire.*
Huma Estampa,	*une Estampe.*
Hum Estudo,	*une Etude.*
Pintura á agoada,	*la Gouache.*
A Graça,	*la Grâce.*

A Estampa,	*la Gravure.*
— de madeira,	*— en bois.*
— de laminas,	*— au burin.*
— á agoa forte,	*— à l'eau forte.*
O Pardo,	*le Gris.*
O Gredelim,	*le Gris de lin.*
O Azeite,	*l'Huile.*
O Encarnado,	*l'Incarnat.*
O Amarello,	*le Jaune.*
A Agoada,	*le Lavis.*
A Maneira negra,	*la Manière noire.*
A Miniatura,	*la Miniature.*
Hum Modelo,	*un Modèle.*
O Negro,	*le Noir.*
O Original,	*l'Original.*
Huma Palheta,	*une Palette.*
O Pastel,	*le Pastel.*
A Perspectiva,	*la Perspective.*
Os Pontinhos,	*le Pointillé.*
Hum Retrato,	*un Portrait.*
O Vermelho,	*le Rouge.*
Huma Estatua,	*une Statue.*
O Verde,	*le Vert.*
Hum Florão,	*une Vignette.*
O Roxo,	*le Violet.*

Das Sciencias e Artes, do Estudo, e cousas que lhes pertencem.	Des Sciences, des Arts, de l'Etude, et de ce qui y a rapport.
A Algebra,	*l'Algèbre.*
A Anatomia,	*l'Anatomie.*
A Arquitectura,	*l'Architecture.*
A Arithmetica,	*l'Arithmétique.*
As Artes liberaes,	*les Arts libéraux.*
A Astronomia,	*l'Astronomie.*
A Quimica,	*la Chimie.*
A Cirurgia,	*la Chirurgie.*
Hum Lapis,	*un Crayon.*
O Debuxo,	*le Dessin.*
O Direito,	*le Droit.*
A Escritura,	*l'Ecriture.*
A Tinta,	*l'Encre.*
O Tinteiro,	*l'Encrier.*
A Geographia,	*la Géographie.*
A Geometria,	*la Géométrie.*
A Grammatica,	*la Grammaire.*
A Historia,	*l'Histoire.*
A Historia natural,	*l'Histoire naturelle.*
A Jurisprudencia,	*la Jurisprudence.*
A Leitura,	*la Lecture.*
Hum Livro,	*un Livre.*
A Logica,	*la Logique.*
A Mathematica,	*les Mathématiques.*

A Mecanica,	*la Mécanique.*
A Medicina,	*la Médecine.*
A Metaphysica,	*la Métaphysique.*
A Moral,	*la Morale.*
A Musica,	*la Musique.*
A Navegação,	*la Navigation.*
O Papel,	*le Papier.*
A Pintura,	*la Peinture.*
A Pharmacia,	*la Pharmacie.*
A Philosophia,	*la Philosophie.*
A Physica,	*la Physique.*
Huma Pluma,	*une Plume.*
A Poesia,	*la Poésie.*
Hum Estojo de lapis,	*un Porte-crayon.*
Huma Carteira,	*un Portefeuille.*
A Rhetorica,	*la Rhétorique.*
A Escultura,	*la Sculpture.*
O Livrinho de lembranças,	*les Tablettes.*
A Theologia,	*la Théologie.*

Do Tempo, das suas divisões, e das principaes epocas do anno.

Du Temps, de ses divisions, et des principales époques de l'année.

Hum Anno,	*un An.*
O Anno bissexto,	*l'Année bissextile.*

O Anniversario,	*l'Anniversaire.*
Agosto,	*Août.*
Depois de amanhãa,	*Après-demain.*
A tarde,	*Après-midi.*
A Ascensão,	*l'Ascension.*
A Assumpção,	*l'Assomption.*
Hoje,	*Aujourd'hui.*
A Aurora,	*l'Aurore.*
O Outono,	*l'Automne.*
Antes de hontem,	*Avant-hier.*
O Advento,	*l'Avent.*
Abril,	*Avril.*
A Canicula,	*la Canicule.*
A Quaresma,	*le Carême.*
O Entrudo,	*le Carnaval.*
A Festa das candeias,	*la Chandeleur.*
O Pôr do sol,	*le Coucher du soleil.*
O Crepusculo,	*le Crépuscule.*
Decembro,	*Décembre.*
Amanhãa,	*Demain.*
Huma Meia Hora,	*une Demi-heure.*
Domingo,	*Dimanche.*
A Era,	*l'Ère.*
O Verão,	*l'Eté.*
A Sega do Feno,	*la Fenaison.*
A Festa,	*la Fête.*
A Festa do Corpo de Deos,	*la Fête-Dieu.*
Fevereiro,	*Février.*
Huma Feira,	*une Foire.*

Huma Hora,	*une Heure.*
Hontem,	*Hier.*
O Inverno,	*l'Hiver.*
Janeiro,	*Janvier.*
Quinta Feira,	*Jeudi.*
Hum Dia,	*un Jour.*
O Dia de anno bom,	*le Jour de l'an.*
Hum Dia santo,	*un Jour de fête.*
Hum Dia de carne,	*un Jour gras.*
Hum Dia de peixe,	*un Jour maigre.*
Hum Dia de mercado,	*un Jour de marché.*
Hum Dia de trabalho,	*un Jour ouvrier.*
Julho,	*Juillet.*
Junho,	*Juin.*
O Dia seguinte,	*le Lendemain.*
O Nascer do sol,	*le Lever du soleil.*
Segunda Feira,	*Lundi.*
Maio,	*Mai.*
Terça Feira,	*Mardi.*
O Dia de entrudo,	*le Mardi-gras.*
Março,	*Mars.*
A Manhãa,	*le Matin.*
Quarta Feira,	*Mercredi.*
O Meio Dia,	*Midi.*
A Meia Noite,	*Minuit.*
Hum Minuto,	*une Minute.*
Hum Mez,	*un Mois.*
A Ceifa,	*la Moisson.*
Hum Instante,	*un Moment.*
O Dia de natal,	*Noël.*

Novembro,	*Novembre.*
A Noite,	*la Nuit.*
Outobro,	*Octobre.*
Pascoa,	*Pâques.*
O Pentecostes,	*la Pentecôte.*
O Romper do dia,	*le Point du jour.*
A Primavera,	*le Printemps.*
Hum Quarto de hora,	*un Quart d'heure.*
As Estações,	*les Saisons.*
Sabbado,	*Samedi.*
Huma Semana,	*une Semaine.*
Setembro,	*Septembre.*
Hum Seculo,	*un Siècle.*
A Tarde,	*le Soir.*
Dous dias depois,	*le Surlendemain.*
O Tempo,	*le Temps.*
As Vacancias,	*les Vacances.*
A Vespera,	*la Veille.*
As Vindimas,	*les Vendanges.*
Sexta Feira,	*Vendredi.*

Dos Vegetaes, e das suas pertenças.	Des Végétaux, et de ce qui en dépend.
Hum Damasqueiro,	*un Abricotier.*
A Losna,	*l'Absinthe.*
A Acacia,	*l'Acacia.*

O Cajú,	*l'Acajou.*
Huma Amendoeira,	*un Amandièr.*
Hum Amaranto,	*une Amarante.*
O Amido,	*l'Amidon.*
O Ananaz,	*l'Ananas.*
Huma Anemona,	*une Anémone.*
Huma Arvore,	*un Arbre.*
Hum Arbusto,	*un Arbuste.*
Hum Alamo,	*un Âune.*
A Avea,	*l'Avoine.*
Hum Melindres,	*une Balsamine.*
O Trigo,	*le Blé.*
O Trigo negro,	*le Blé noir.*
A Lenha,	*le Bois à brûler.*
A Madeira,	*le Bois de charpente.*
O Páo de tintura,	*le Bois de teinture.*
O Vidoeiro,	*le Bouleau.*
Hum Botão,	*un Bouton.*
Hum Ramo,	*une Branche*
O Buxo,	*le Buis.*
O Alcanfor,	*le Camphre.*
Hum Cedro,	*un Cèdre.*
A Cinza,	*la Cendre.*
Huma Cerejeira,	*un Cerisier.*
O Canhamo,	*le Chanvre.*
O Carvão,	*le Charbon.*
Hum Cardo,	*un Chardon.*
O Carpino,	*le Charme.*
O Carvalho,	*le Chêne.*
A Madresilva,	*le Chèvrefeuille.*

A Cicuta,	*la Ciguë.*
Hum Limoeiro,	*un Citronnier.*
O Coqueiro,	*le Cocotier.*
Huma Sorveira,	*un Cormier.*
Hum Cypreste,	*un Cyprès.*
O Ebano,	*l'Ebène.*
A Cortiça,	*l'Ecorce.*
Huma Espinha,	*une Epine.*
O Bordo,	*l'Erable.*
A Farinhà,	*la Farine.*
A Folha,	*la Feuille.*
Huma Figueira,	*un Figuier.*
Huma Flor,	*une Fleur.*
O Feno,	*le Foin.*
O Feto,	*la Fougère.*
O Morangueiro,	*le Fraisier.*
A Framboeza,	*le Framboisier.*
Hum Fruto,	*un Fruit.*
A Relva,	*le Gazon.*
A Giesteira,	*le Genêt.*
O Goivo,	*la Giroflée.*
A Bolota,	*le Gland.*
A Gomma,	*la Gomme.*
Huma Bagem,	*une Gousse.*
O Grão,	*le Grain.*
O Enxerto,	*la Greffe.*
A Romeira,	*le Grenadier.*
A Groselheira,	*le Groseiller.*
O Heliotropio,	*l'Héliotrope.*
A Erva,	*l'Herbe.*

A Faia,	*le Hêtre.*
O Joio,	*l'Ivraie.*
Hum Jacinto,	*une Jacinthe.*
O Jasmim,	*le Jasmin.*
O Junquilho,	*la Jonquille.*
O Loureiro,	*le Laurier.*
O Sobreiro,	*le Liége.*
A Hera,	*le Lierre.*
O Lilaz,	*le Lilas.*
O Linho,	*le Lin.*
O Lirio,	*le Lis.*
A Luzerna,	*la Luzerne.*
O Milho,	*le Maïs.*
A Mangerona,	*la Marjolaine.*
O Castanheiro,	*le Marronnier.*
O Trigo misturado,	*le Méteil.*
O Milho miudo,	*le Millet.*
O Musgo,	*la Mousse.*
O Lirio convalle,	*le Muguet.*
Huma Amoreira,	*un Mûrier.*
Huma Murta,	*un Myrte.*
Hum Narcisso,	*un Narcisse.*
Huma Nespereira,	*un Néflier.*
O Caroço,	*le Noyau.*
Huma Nogueira,	*un Noyer.*
Hum Cravo,	*un Œillet.*
A Oliveira,	*l'Olivier.*
A Laranjeira,	*l'Oranger.*
A Cevada,	*l'Orge.*
O Olmo,	*l'Orme.*

Huma Ortiga,	*une Ortie.*
O Vime,	*l'Osier.*
A Palmeira,	*le Palmier.*
Huma Papoula,	*un Pavot.*
Hum Pecegueiro,	*un Pêcher.*
Huma Pevide,	*un Pepin.*
O Choupo,	*le Peuplier.*
O Pinheiro,	*le Pin.*
Huma Planta,	*une Plante.*
O Platano,	*le Platane.*
Huma Maceira,	*un Pommier.*
Huma Pereira,	*un Poirier.*
Huma Ameixieira,	*un Prunier.*
A Raiz,	*la Racine.*
O Alcaçuz,	*la Réglisse.*
Hum Pimpolho,	*un Rejeton.*
O Ranunculo,	*la Renoncule.*
O Reseda de cheiro,	*le Réséda,*
O Arroz,	*le Riz.*
O Alecrim,	*le Romarin.*
A Rosa,	*la Rose.*
Huma Cana,	*un Roseau.*
A Roseira,	*le Rosier.*
O Açafrão,	*le Safran.*
O Trevo grande,	*le Sainfoin.*
O Abeto,	*le Sapin.*
O Sassafraz,	*le Sassafras.*
O Salgueiro,	*le Saule.*
O Centeio,	*le Seigle.*
A Semente,	*la Semence.*

A Sylindra,	*le Seringat.*
O Farelo,	*le Son.*
O Sabugueiro,	*le Sureau.*
O Sycomoro,	*le Sycomore.*
O Tabaco,	*le Tabac.*
O Tomilho,	*le Thym.*
O Talo,	*la Tige.*
Hum Til,	*un Tilleul.*
A Turba,	*la Tourbe.*
O Trevo,	*le Trèfle.*
A Faia preta,	*le Tremble.*
O Tronco,	*le Tronc.*
A Tulipa,	*la Tulipe.*
Hum Vegetal,	*un Végétal.*
A Vinha,	*la Vigne.*
A Violeta,	*la Violette.*

Dos Vestidos, e do que serve ao Adorno. — Des Vêtemens, et de ce qui sert à la Toilette.

Huma Agulha,	*une Aiguille.*
Hum Annel,	*une Bague.*
As Meias,	*les Bas.*
A Bombasina,	*le Basin.*
A Cambraia,	*la Batiste.*
As Joias,	*les Bijoux.*
Hum Barrete,	*un Bonnet.*

Hum Barrete de dormir,	*un Bonnet de nuit.*
As Botas,	*les Bottes.*
As Fivelas,	*les Boucles.*
Huma Bolsa,	*une Bourse.*
Os Botões,	*les Boutons.*
Os Braceletes,	*les Bracelets.*
Huma Escova,	*une Brosse.*
Ceroulas,	*un Caleçon.*
Hum Bastão,	*une Canne.*
Hum Cinto,	*une Ceinture.*
Hum Boldrié,	*un Ceinturon.*
Huma Cadeia de ouro,	*une Chaîne d'or.*
O Chapeo,	*le Chapeau.*
As Piugas,	*les Chaussettes.*
Hum Escarpim,	*un Chausson.*
Huma Camisa,	*une Chemise.*
A Graxa,	*le Cirage.*
Hum Laço de chapeo,	*une Cocarde.*
O Toucado,	*la Coiffure.*
O Colarinho,	*le Col.*
O Cabeção,	*le Collet.*
Hum Peitilho,	*un Corset.*
O Algodão,	*le Coton.*
Huma Gravata,	*une Cravate.*
O Couro,	*le Cuir.*
Os Calções,	*la Culotte.*
Hum Palito,	*un Cure-dent.*
Hum Palito dos ouvidos,	*un Cure-oreille.*
A Renda,	*la Dentelle.*
O Forro,	*la Doublure.*

O Panno,	*le Drap.*
A Agoa de cheiro,	*l'Eau de senteur.*
As Dragonas,	*les Epaulettes.*
Huma Espada,	*une Epée.*
As Esporas,	*les Eperons.*
Os Alfinetes,	*les Epingles.*
Os Escarpins,	*les Escarpins.*
A Estofa,	*l'Etoffe.*
Hum Estojo,	*un Étui.*
Hum Leque,	*un Eventail.*
O Rebique,	*le Fard.*
Hum Fichú,	*un Fichu.*
O Fio,	*le Fil.*
Hum Frasco,	*un Flacon.*
A Baetilha,	*la Flanelle.*
Huma Bainha,	*un Fourreau.*
A Pelliça,	*la Fourrure.*
As Franjas,	*les Franges.*
O Fustão,	*la Futaine.*
Os Galões,	*les Galons.*
A Presilha,	*la Ganse.*
As Luvas,	*les Gants.*
A Garça,	*la Gaze.*
Hum Colete,	*un Gilet.*
O Bolsinho,	*le Gousset.*
Huma Casaca,	*un Habit.*
Huma Tira,	*un Jabot.*
As Ligas,	*les Jarretières.*
Hum Junco,	*un Jonc.*
Hum Guardapé,	*un Jupon.*

Hum Laço,	*un Lacet.*
A Lãa,	*la Laine.*
A Cambraia transparente,	*le Linon.*
Os Oculos,	*les Lunettes.*
A Manga,	*la Manche.*
Os Punhos,	*les Manchettes.*
Hum Manguíto,	*un Manchon.*
Hum Capote,	*un Manteau.*
O Marroquim,	*le Maroquin.*
Hum Espelho,	*un Miroir.*
A Melania,	*la Moire.*
Hum relogio de algibeira,	*une Montre.*
Hum Lenço,	*un Mouchoir.*
A Cassa,	*la Mousseline.*
As Chinelas,	*les Pantoufles.*
Os Canhões,	*les Paremens.*
Hum Pente,	*un Peigne.*
Hum Penteador,	*un Peignoir.*
Hum Brinco,	*un Pendant d'oreille.*
Huma Cabelleira,	*une Perruque.*
Huma Pluma,	*un Plumet.*
A Algibeira,	*la Poche.*
A Pomada,	*la Pommade.*
Os Pos,	*la Poudre.*
Huma Volta,	*un Rabat.*
Huma Navalha,	*un Rasoir.*
Hum Reguingote,	*une Redingote.*
Huma Roupa,	*une Robe.*

Hum Roupão,	*une Robe de chambre.*
O Vermelhão,	*le Rouge.*
Huma Fita,	*un Ruban.*
O Setim,	*le Satin.*
Hum Sabonete,	*une Savonnette.*
A Sarja,	*la Serge.*
A Seda,	*la Soie.*
Os Sapatos,	*les Souliers.*
Huma Caixa de tabaco,	*une Tabatière.*
O Livrinho de lembrança,	*les Tablettes.*
Hum Avental,	*un Tablier.*
O Tafetá,	*le Taffetas.*
Hum Calçador,	*un Tire-botte.*
A Tea,	*la Toile.*
O Panno de algodão,	*la Toile de coton.*
O Panno de Hollanda,	*la Toile de Hollande.*
O Pannico rei,	*la Toile des Indes.*
O Toucador,	*la Toilette.*
Hum Colarinho,	*un Tour de gorge.*
O Veludo,	*le Velours.*
Os Vestidos,	*les Vêtemens.*
Hum Veo,	*un Voile.*

Da Cidade, do Campo, e das cousas que ahi se encontrão.	De la Ville, de la Campagne, et des choses qui s'y rencontrent.
O Bebedouro,	*l'Abreuvoir.*
A Academia,	*l'Académie.*
Huma Avenida,	*une Allée.*
Hum Aqueducto,	*un Aqueduc.*
Huma Estalagem,	*une Auberge.*
O Banco,	*la Banque.*
A Barreira,	*la Barrière.*
O Pateo,	*la Basse-cour.*
Hum Tanque,	*un Bassin.*
Hum Edificio,	*un Bâtiment.*
Hum Parreiral,	*un Berceau.*
Hum Bosque,	*un Bois.*
Hum Bosquete,	*un Bosquet.*
O Açougue,	*la Boucherie.*
A Lama,	*la Boue.*
Hum Lamaçal,	*un Bourbier.*
Huma Villa,	*un Bourg.*
A Praça de commercio,	*la Bourse.*
A Lavanderia,	*la Buanderie.*
Huma Moita,	*un Buisson.*
Huma Taverna,	*un Cabaret.*
Hum Café,	*un Café.*
Hum Canal,	*un Canal.*
Hum Campo,	*un Champ.*

Hum Castello,	*un Château.*
O Restolho,	*le Chaume.*
Hum Caminho,	*un Chemin.*
Hum Caminho dividido em muitos,	*un Chemin fourchu.*
O Cemiterio,	*le Cimetière.*
Hum Campanario,	*un Clocher.*
O Collegio,	*le Collége.*
Huma Collina,	*une Colline.*
O Pombal,	*le Colombier.*
Hum Outeiro,	*un Coteau.*
Huma Cama,	*une Couche.*
Huma Tina,	*une Cuve.*
Hum Dique,	*une Digue.*
Huma Cupola,	*un Dôme.*
A Alfandega,	*la Douane.*
Huma Eclusa,	*une Ecluse.*
Huma Igreja,	*une Eglise.*
Hum Cercado,	*un Enclos.*
Hum Epitaphio,	*une Epitaphe.*
Huma Latada,	*un Espalier.*
Huma Estrebaria,	*une Etable.*
Hum Tanque,	*un Etang.*
A Fachada,	*la Façade.*
Hum Arrabalde,	*un Faubourg.*
Hum Casal,	*une Ferme.*
Huma Fonte,	*une Fontaine.*
A Mata,	*la Forêt.*
Hum Fosso,	*un Fossé.*
A Forragem,	*le Fourrage.*

O Estrume,	*le Fumier.*
Huma Gavela,	*une Gerbe.*
Huma Neveira,	*une Glacière.*
A Estrada real,	*le Grand chemin.*
Hum Celleiro,	*une Grange.*
Os Alqueves,	*les Guérets.*
Huma Sebe,	*une Haie.*
Hum Lugarejo,	*un Hameau.*
O Hospital,	*l'Hôpital.*
Hum Palacio,	*un Hôtel.*
A Casa do senado,	*l'Hôtel-de-ville.*
Huma Inscripção,	*une Inscription.*
Hum Alqueve,	*une Jachère.*
O Jardim,	*le Jardin.*
O Esguicho,	*le Jet d'eau.*
Hum Labyrintho,	*un Labyrinthe.*
Huma Lagoa,	*un Lac.*
A Palha da cama do gado,	*la Litière.*
Huma Casa,	*une Maison.*
Huma Casa de campo,	*une Maison de campagne.*
Hum Pantano,	*un Marais.*
Hum Mercado,	*un Marché.*
Hum Mausoleo,	*un Mausolée.*
Hum Monte de feno,	*une Meule de foin.*
Huma Montanha,	*une Montagne.*
Hum Moinho de agoa,	*un Moulin à eau.*
Hum Moinho de vento,	*un Moulin à vent.*
Hum Muro,	*un Mur.*

Hum Carril,	*une Ornière.*
A Palha,	*la Paille.*
Hum Palacio,	*un Palais.*
O Parapeito,	*le Parapet.*
Hum Quadro de flores,	*un Parterre.*
O Adro,	*le Parvis.*
A Sementeira,	*la Pépinière.*
Huma Praça,	*une Place.*
Huma Planicie,	*une Plaine.*
Hum Alegrete,	*une Plate-bande.*
A Ponte,	*le Pont.*
A Ponte levadiça,	*le Pont-levis.*
O Porto,	*le Port.*
Hum Portal,	*un Portail.*
Hum Portico,	*un Portique.*
A Posta,	*la Poste.*
A Horta,	*le Potager.*
O Gallinheiro.	*le Poulailler.*
A Poeira,	*la Poussière.*
Hum Prado,	*un Pré.*
O Lagar,	*le Pressoir.*
A Prisão,	*la Prison.*
O Passeio publico,	*la Promenade publique.*
O Caes,	*le Quai.*
Hum Quincunce,	*un Quinconce.*
Huma Ribeira,	*un Rivage.*
Hum Rio,	*une Rivière.*
Huma Colmea,	*une Ruche.*
Hum Regato,	*un Ruisseau.*
O Theatro,	*la Salle de spectacle.*

Huma Vereda,	*un Sentier.*
A Estufa,	*la Serre chaude.*
Hum Sulco,	*un Sillon.*
Hum Manancial,	*une Source.*
Hum Terrasso,	*une Terrasse.*
Huma Torre,	*une Tour.*
Hum Parreiral,	*une Treille.*
Huma Lage,	*un Trottoir.*
A Universidade,	*l'Université.*
Hum Valle,	*un Vallon.*
A Verdura,	*la Verdure.*
O Pomar,	*le Verger.*
Huma Aldea,	*un Village.*
Huma Vista,	*une Vue.*

FIM DA PRIMEIRA PARTE.

FIN DE LA PREMIÈRE PARTIE.

SEGUNDA PARTE.

SECONDE PARTIE.

DIALOGOS SOBRE OBJECTOS DIFFERENTES.

DIALOGUES SUR DIFFÉRENS SUJETS.

DIALOGO I.

Para saudar, e fazer os comprimentos usuaes.

Bons dias, Senhor; como está Vm.?

Muito bem para servir a Vm.

DIALOGUE I.

Pour saluer, et faire les complimens d'usage.

Bonjour, Monsieur; comment vous portez-vous?

Très-bien, à votre service.

Muito o estimo.	*J'en suis bien aise.*
Como passa?	*Comment cela va-t-il?*
Não muito bem; acho-me hum pouco indisposto.	*Pas très-bien; je suis un peu indisposé.*
Muito o sinto.	*J'en suis bien fâché.*
Desejo-lhe melhor saude.	*Je vous souhaite une meilleure santé.*
Eu lhe agradeço.	*Je vous remercie.*
Como está a sua Senhora?	*Comment se porte Madame votre épouse?*
Ha muito tempo, que não tive a honra de a ver.	*Il y a long-temps que je n'ai eu l'honneur de la voir.*
Está com hum grande defluxo.	*Elle est très-enrhumée.*
Ella sofre da cabeça, dos dentes.	*Elle a mal à la tête, mal aux dents.*
Vê-se precisada a não sahir do seu quarto.	*Elle est obligée de garder la chambre.*
Terei a honra de fazer-lhe huma pequena visita, se isso a não incommodar.	*Je me ferai un devoir de lui faire une petite visite, si cela ne l'incommode pas.*
Ella receberá com prazer essa honra.	*Ce sera avec beaucoup de plaisir qu'elle recevra cet honneur.*
Que hora será a mais commoda para hir fa-	*A quelle heure pourrai-je lui présenter mes*

zer-lhe a minha visita? *respects?*

A hora que quizer, sendo pela manhãa. *A l'heure que vous voudrez dans la matinée.*

Dê minhas lembranças ao Senhor seu irmão. *Faites mes complimens à Monsieur votre frère.*

Apresente-lhe os meus comprimentos. *Présentez-lui mes civilités.*

Saude-o por mim. *Saluez-le de ma part.*

Certifique-o da minha amizade. *Assurez-le de mon amitié.*

Diga-lhe todo o que eu lhe diria se o visse. *Dites-lui bien des choses de ma part.*

Não faltarei. *Je n'y manquerai pas.*

Cumprirei fielmente. *Je m'en acquitterai fidèlement.*

Ficar-lhe hei muito obrigado. *Je vous serai infiniment obligé.*

Não ha de que. *Il n'y a pas de quoi.*

Tenho a honra de o saudar. *J'ai l'honneur de vous saluer.*

Desejo-lhe huma boa noute. *Je vous souhaite le bonsoir.*

Boa noute. *Bonne nuit.*

Adeos, até á vista. *Adieu, au revoir.*

Até que torne a ter o gosto de o ver. *Au plaisir de vous revoir.*

Adeos, adeos. *Je vous fais mes adieux.*

Fico inteiramente ao seu dispôr. — *Je suis tout à vous.*

Seu humilde criado. — *Votre très-humble serviteur.*

Brevemente nos veremos. — *Nous nous reverrons tantôt.*

DIALOGO II. — DIALOGUE II.

Para rogar, pedir ou offerecer. — Pour prier, demander ou offrir.

Faça-me este favor. — *Faites-moi ce plaisir.*

Conceda-me este favor, esta graça. — *Accordez-moi cette faveur, cette grâce.*

Muita seria a sua bondade se me quizesse fazer isso. — *Vous seriez bien aimable, si vous vouliez faire cela.*

Vm. me faria o mais assignalado serviço. — *Vous me rendriez un service signalé.*

Não me poderia fazer cousa mais agradavel. — *Vous ne sauriez me faire un plus grand plaisir.*

Infinitamente me obrigaria. — *Vous m'obligeriez infiniment.*

Conte com o meu reconhecimento. — *Comptez sur ma reconnaissance.*

Muitas obrigações lhe ficarei devendo.	*Je vous en aurai beaucoup d'obligation.*
Lembrar-me hei em quanto viva.	*Je m'en souviendrai toute ma vie.*
Encarecidamente lho rogo.	*Je vous le demande en grâce.*
Não se recuse á minha supplica.	*Ne refusez pas ma prière.*
Lembre-se de mim, eu lho insto.	*Pensez à moi, je vous en conjure.*
Eu lho peço.	*Je vous en prie.*
Eu lho supplico.	*Je vous en supplie.*
Faça favor de dizer-me.	*Dites-moi, s'il vous plaît.*
Tenha a bondade de me dizer.	*Ayez la bonté de me dire.*
Se he hum effeito da sua bondade.	*Si c'était un effet de votre bonté.*
Faça-me esta honra, esta amizade.	*Faites-moi cet honneur, cette amitié.*
Perdoe se o interrompo.	*Pardon, si je vous interromps.*
Permitta que lhe observe.	*Permettez-moi de vous faire observer.*
Eu lhe agradeço.	*Je vous en remercie.*
Digne-se aceitar esta limitada prova do meu reconhecimento.	*Daignez accepter cette légère marque de ma reconnaissance.*
Eu lho offereço com a melhor vontade.	*Je vous l'offre de bon cœur.*

Queira persuadir-se do muito que o venero.	*Veuillez agréer cet hommage.*
Huma negativa sua me penalizaria muito.	*Un refus de votre part me causerait la plus vive douleur.*
Eu conto com Vm.	*Je compte sur vous.*
Creio não será illudida a minha esperança.	*Je crois que mon espérance ne sera pas trompée.*

DIALOGO III. — DIALOGUE III.

Para consentir ou conceder, negar ou escusar-se e agradecer.

Pour consentir ou accorder, refuser ou s'excuser et remercier.

Eu consinto.	*J'y consens.*
De boa vontade, de todo o meu coração.	*Volontiers, de tout mon cœur.*
Concedo, seja.	*D'accord, soit.*
E por que não? bom ou máo, nada a isso se oppoem.	*Pourquoi pas? à la bonne heure, rien ne s'y oppose.*
Com grande gosto.	*Avec grand plaisir.*
Nada contra isso tenho a dizer.	*Je n'y trouve pas à redire.*
Estou ao seu serviço.	*Je suis à votre service.*

De mim pode dispôr. — *Vous pouvez disposer de moi.*

Mande, e será obedecido. — *Ordonnez, et vous serez obéi.*

Não tem mais do que fallar, eu espero as suas ordens. — *Vous n'avez qu'à parler, j'attends vos ordres.*

Descanse sobre mim. — *Reposez-vous sur moi.*

Felicito-me por se ter proporcionado occasião de poder servilo. — *Je suis charmé de trouver l'occasion de vous rendre service.*

Nada lhe posso negar. — *Je ne puis rien vous refuser.*

Quizera poder-lhe fazer hum maior serviço. — *Je voudrais pouvoir vous rendre un plus grand service.*

Desejo ardentemente ser-lhe util. — *Je désire ardemment de vous être utile.*

Bem sabe que sou todo seu. — *Vous savez que je suis tout à vous.*

Perdoe-me, desculpe-me. — *Pardonnez-moi, excusez-moi.*

Isso he-me impossivel. — *Cela m'est impossible.*

Isso não depende de mim. — *Cela ne dépend pas moi.*

Isso não pode ser. — *Cela ne se peut pas.*

He inteiramente impossivel. — *C'est de toute impossibilité.*

Isso não he da minha competencia.	*Cela ne me regarde pas.*
Fico summamente pesaroso, por ser obrigado a negar-lho.	*Je suis au désespoir d'être obligé de vous refuser.*
Será em outra occasião, o momento não he favoravel ; ainda com a melhor vontade não poderia satisfazelo.	*Ce sera pour une autre fois, le moment n'est pas favorable ; avec la meilleure volonté du monde, je ne pourrais vous satisfaire.*
Peço-lhe me dispense.	*Je vous prie de m'en dispenser.*
Persuada-se não ser minha a culpa.	*Soyez persuadé qu'il n'y a pas de ma faute.*
Não me queira mal por isso.	*Ne m'en voulez pas pour cela.*
Não leve a mal por deixar de satisfazer o seu desejo.	*Ne trouvez pas mauvais que je ne puisse pas contenter vos désirs.*
Sou-lhe infinitamente obrigado.	*Je vous suis infiniment obligé.*
Tenho a honra de lhe agradecer.	*J'ai l'honneur de vous remercier.*
Lisonjeo-me muito pela honra que me faz.	*Je suis flatté de l'honneur que vous me faites.*
Como poderei retribuir huma semelhante obrigação.	*Comment pourrai-je m'acquitter envers vous?*

Sou reconhecido pela sua bondade.	*Je suis bien sensible à votre bonté.*
Esta nova prova da sua amizade he alem do que eu poderia esperar.	*Cette nouvelle preuve d'amitié est au-dessus de ce que je pouvais espérer.*
Vm. prevenio os meus desejos.	*Vous avez prévenu mes désirs.*
Vm. me enche de favores.	*Vous me comblez d'honnêtetés.*
Vm. me confunde.	*Vous me rendez confus.*
Muita he a sua bondade.	*Vous avez trop de bonté.*
Não sei como corresponder a tanta polidez.	*Je ne sais comment répondre à tant de politesses.*
Seria abusar da sua condescendencia.	*Ce serait abuser de votre complaisance.*
Agradeço-lhe, muito obrigado.	*Merci, bien obligé.*
Saberei despicar-me.	*A revanche.*
Não he para recusar.	*Cela n'est pas de refus.*

DIALOGO IV.	DIALOGUE IV.
Para duvidar, consultar, affirmar e negar.	Pour douter, consulter, affirmer et nier.
Na verdade? será possivel?	*Est-il vrai? serait-il possible?*
Pode isso ser?	*Cela se peut-il?*
He na realidade?	*Est-ce tout de bon?*
Está certo de não se enganar?	*N'êtes-vous pas dans l'erreur?*
Falla serio?	*Parlez-vous sérieusement?*
Custa-me a crer.	*J'ai de la peine à le croire.*
Não o posso crer.	*Je n'en crois rien.*
Duvido.	*J'en doute.*
Não o posso ouvir.	*Cela me passe.*
Vm. me quer enganar.	*Vous m'en faites accroire.*
He incrivel.	*C'est incroyable.*
Vm. brinca, quer divertir-se.	*Vous plaisantez, vous voulez rire.*
Vm. foi enganado.	*On vous en a imposé.*
Que se ha de fazer?	*Qu'y a-t-il à faire?*
Que me aconselha de fazer?	*Que me conseillez-vous de faire?*

Que partido tomar?	*Quel parti prendre?*
Que pensa disto?	*Qu'en pensez-vous?*
Não sei que faça.	*Je ne sais que faire.*
Que faria Vm. no meu lugar?	*Que feriez-vous à ma place?*
Como poderei isentar-me?	*Comment me tirer de là?*
Não seria melhor de.......?	*Ne vaudrait-il pas mieux de......?*
Isso requer reflexão.	*Cela demande de la réflexion.*
He huma verdade.	*C'est la vérité.*
He hum facto.	*C'est un fait.*
He certo.	*Cela est vrai.*
He ainda mais que verdade.	*Cela n'est que trop vrai.*
Pode acreditalo.	*Vous pouvez y ajouter foi.*
Posso affiançalo.	*Je puis vous le garantir.*
Este senhor o presenciou.	*Monsieur en est témoin.*
Tem razão.	*Vous avez raison.*
Não ha dúvida.	*Il n'y a pas de doute.*
Eu lho juro.	*Je vous le jure.*
Pela minha honra.	*Sur mon honneur.*
He tão certo como eu existo.	*Aussi vrai que j'existe.*
Palavra de homem de bem.	*Foi d'honnête homme.*

Todos volo dirão.	*Tout le monde vous le dira.*
Nem por isso deixa de ser falso.	*Cela n'en est pas moins faux.*
Isso não he verdade.	*Cela n'est pas vrai.*
He huma calumnia.	*C'est une calomnie.*
He huma mentira.	*C'est un mensonge.*
Não ha tal.	*Il n'en est rien.*
Não pode ser.	*Cela ne se peut pas.*
Aposto pelo contrario.	*Je parie le contraire.*
Nego o facto; aposto que sim; aposto que não.	*Je nie le fait; je gage que oui; je gage que non.*

DIALOGO V. — DIALOGUE V.

Para demonstrar alegria, dor, pezar, espanto, esperança, desesperação, etc.	Pour marquer la joie, la douleur, le chagrin, l'étonnement, l'espérance et le désespoir, etc.

Muito me alegro.	*J'en suis charmé.*
Estou encantado.	*J'en suis enchanté.*
Isso me pôem de bom humor.	*Cela me rend de bonne humeur.*
Isso me dá muito gosto.	*Cela me fait grand plaisir.*

Que alegria! que fortuna!	*Quelle joie! quel bonheur!*
Quanto sou infeliz!	*Que je suis malheureux!*
Estou indisposto.	*Je suis mal disposé.*
Acho-me de máo humor.	*Je suis de mauvaise humeur.*
Estou triste.	*Je suis chagrin.*
Estou enfadado.	*Je suis fâché.*
Estou enojado.	*Je m'ennuie.*
Estou desolado, estou perdido.	*Je suis désolé, je suis perdu.*
Não posso mais.	*Je n'y tiens plus.*
Isto he o diabo.	*C'est le diable.*
He bastante para fazer desesperar.	*Il y a de quoi se damner.*
Não posso sahir do espanto.	*Je ne reviens pas de mon étonnement.*
Não sei se sonho ou se estou acordado.	*Je ne sais si je dors ou si je veille.*
He de toda a belleza.	*C'est de toute beauté.*
He agradavel, admiravel, delicioso, divino.	*C'est charmant, admirable, délicieux, divin.*
Não me satisfaço de o ver.	*Je ne me lasse pas de l'admirer.*
He pasmoso.	*C'est étonnant.*
Acreditarei o que vejo?	*En croirai-je mes yeux?*

He hum assombro.	*C'est surprenant.*
Meu Deos, he possivel?	*Grand Dieu, est-il possible?*
Queira Deos.	*Dieu le veuille!*
Se Deos quizer.	*S'il plaît à Dieu.*
Deos o não permitta.	*A Dieu ne plaise!*
Soccorro!	*Au secours!*
Mal te venha.	*Malheur à vous!*
Vá-se ao diabo.	*Va-t-en, va-t-en au diable.*
Tire-se da minha presença.	*Sors de ma présence.*
Arreda, arreda a cabeça!	*Gare! gare la tête!*
Envergonhe-se! que opprobrio!	*Fi donc! quelle honte!*
Ah! que vileza!	*Ah! que c'est vilain!*

DIALOGO VI. — DIALOGUE VI.

Do Tempo. — Du Temps.

Gela? tem geado?	*Gèle-t-il? a-t-il gelé?*
Está geando; faz muito frio.	*Il gèle; il fait très-froid.*
Esta noute geou com força.	*Il a fait cette nuit une forte gelée.*

O rio deve estar gelado, não se tardará a resvelar.

La rivière doit être prise, on ne tardera pas à patiner.

Tenho muito frio; não posso mòver os dedos.

J'ai grand froid; je ne puis remuer les mains.

Aquente hum pouco.

Prenez l'air du feu.

Chegue-se hum pouco ao lume.

Approchez-vous du poële, du feu.

Principio a restabelecer-me.

Je commence à me remettre.

Melhor he estar na sua casa do que na rua.

Il fait meilleur chez vous que dans la rue.

Neva a grandes flocos.

Il neige à gros flocons.

A neve se derrete, faz regelo.

La neige fond, il fait du verglas.

O tempo mudou, está o tempo mais suave.

Le temps est changé, le temps s'adoucit.

Dir-se hia que faz nevoeiro.

On dirait qu'il fait du brouillard.

Degela.

Il dégèle.

Os dias crescem; o sol principia a ter força.

Les jours croissent; le soleil commence à prendre de la force.

Cedo teremos bom tempo.

Nous aurons bientôt du beau temps.

O inverno está acabado; bem se conhece estarmos na primavera.

L'hiver est passé; on s'aperçoit qu'on est dans le printemps.

Está hum tempo delicioso, nem quente, nem frio.	*Il fait un temps délicieux; il ne fait ni trop chaud, ni trop froid.*
Ao nascer, o sol appareceo claro; porem ceo se cobre de nuvens.	*Le soleil était très-clair en se levant; mais le ciel se couvre de nuages.*
Vai chover.	*Il va pleuvoir.*
Chove miudo.	*Il tombe une pluie fine.*
A calçada esta gordorenta e escorregadia.	*Le pavé est gras et glissant.*
He hum chuveiro de primavera que abaterá a poeira.	*C'est une ondée de printemps qui abattra la poussière.*
Não será nada; não vê o arco da velha?	*Ce ne sera rien; ne voyez-vous pas l'arc-en-ciel?*
As nuvens se dissipaõ, o tempo se esclarece.	*Les nuages se dissipent, le temps s'éclaircit.*
Faz muito calor.	*Il fait très-chaud.*
Sinto calor; suo a gotas, estou alagado em suor.	*J'ai chaud; je sue à grosses gouttes, je suis tout en nage.*
Faz hum calor excessivo.	*Il fait une chaleur excessive.*
O sol dardeja perpendicularmente.	*Le soleil darde, il donne à-plomb.*

Suffoca-se, a penas se respira.	*On étouffe, on respire avec peine.*
A calma me fatiga excessivamente.	*La chaleur me fatigue extraordinairement.*
He por que nos achamos na gemma do verão.	*C'est que nous sommes au plus fort de l'été.*
Achamo-nos na força da colheita.	*On est en pleine moisson.*
Teremos tempestade.	*Nous aurons de l'orage.*
O sol se esconde com as grossas nuvens que passão.	*Le soleil se cache, il passe de gros nuages.*
Levanta-se vento.	*Le vent s'élève.*
Troveja ao longe.	*Il tonne au loin.*
Vai chover a cantaros.	*Il va pleuvoir à verse.*
O trovão ronca.	*Le tonnerre gronde.*
Procuremos hum abrigo, a não querermos ser molhados até a pelle.	*Cherchons un abri, si nous ne voulons pas être mouillés jusqu'aux os.*
Cahe saraiva, relampeja.	*Il tombe de la grêle, il éclaire.*
Que trovão! cahio raio.	*Quel coup de tonnerre! la foudre est tombée.*
Passou a borrasca; o sol de novo apparece.	*L'orage se passe; le soleil reparaît.*

Faz hum tempo detestavel.	*Il fait un temps détestable.*
Todo está enlameado; todo está cheio de lama.	*Il fait sale, de la crotte, de la boue.*
Estamos no fim do outono.	*Nous sommes à la fin de l'automne.*
Faz hum vento tão frio que gela.	*Il fait un vent froid qui glace.*
As manhãas e as noutes são frescas.	*Les matinées et les soirées sont fraîches.*
Os dias diminuem muito.	*Les jours décroissent beaucoup.*
Vamos entrar na peor estação do anno.	*Nous allons entrer dans la plus mauvaise saison de l'année.*

DIALOGO VII. — DIALOGUE VII.

Levantando-se da cama. — En se levant.

Quem bate á porta tão cedo?	*Qui frappe à la porte de si bon matin?*
Quem he? quem está lá?	*Qui est là?*
Abra a porta.	*Ouvrez la porte.*
Não está fechada á chave.	*Elle n'est point fermée à la clef.*

A chave está na porta; levante a tranqueta.	*La clef est dans la serrure; levez le loquet.*
Pois que! ainda está na cama?	*Comment! vous êtes encore au lit?*
Ainda dorme?	*Vous dormez encore?*
Ainda não acordou-se?	*Vous n'êtes pas encore éveillé?*
São horas de levantar-se.	*Il est temps de se lever.*
He dia claro.	*Il fait grand jour.*
Que horas são?	*Quelle heure est-il?*
Sete horas.	*Il est sept heures.*
Acabão de dar as horas.	*L'heure vient de sonner.*
Não sabia que hora era.	*Je ne savais pas l'heure qu'il était.*
Esqueci-me hontem á noute de dar corda ao meu relogio, e elle parou as cinco e meia da manhãa.	*J'ai oublié de monter ma montre hier au soir, et elle s'est arrêtée à cinq heures et demie.*
De ordinario não sou tão preguiçoso.	*Ordinairement je ne suis pas si paresseux.*
Parece-me que se levantou cedo.	*Il paraît que vous avez été matinal.*
He verdade que hoje sahi mais cedo do que costumo.	*Il est vrai que je suis sorti aujourd'hui de meilleure heure que de coutume.*
Ainda não ha tres	*Il n'y a pas trois*

quartos de hora que sahi da cama.	*quarts d'heure que je suis hors du lit.*
Não tive mais do que o tempo para vestir-me, e vir com pressa para o poder encontrar; visto ser difficil de o encontrar em todo o dia.	*Je n'ai eu que le temps de m'habiller, et d'accourir pour pouvoir vous rencontrer; car on vous trouve difficilement dans la journée.*
Dormi mal esta noute.	*J'ai mal dormi toute la nuit.*
Não tenho fechado os olhos.	*Je n'ai pas fermé l'œil.*
Deitei-me muito tarde.	*Je me suis couché fort tard.*
Era huma hora menos hum quarto.	*Il était une heure moins un quart.*
Quando chegou, dormia profundamente.	*Je dormais d'un profond sommeil quand vous êtes arrivé.*
Custa-me a sahir da cama.	*J'ai de la peine à quitter le lit.*
Que tempo faz?	*Quel temps fait-il?*
Bom tempo.	*Il fait beau.*
Vê-se o sol.	*Le soleil paraît.*
Faz calor?	*Fait-il chaud?*
Faz frio?	*Fait-il froid?*
Faz hum tempo suave.	*Il fait très-doux.*
Não faz vento.	*Il ne fait point de vent.*

Tome o trabalho de passar ao meu gabinete.

Donnez-vous la peine de passer dans mon cabinet.

Vou levantarme, e se for do seu agrado, hiremos juntos tomar o ar da madrugada.

Je vais me lever, et nous irons ensemble respirer l'air du matin, si cela vous fait plaisir.

Com boa vontade; nada ha mais agradavel do que o passear nesta estação.

Très-volontiers; rien n'est plus agréable que la promenade dans cette saison.

Brevemente estarei prompto; e no intanto pode tirar hum livro da bibliotheca para com a leitura evitar o enojo.

Je serai bientôt prêt; en attendant, vous pourrez prendre un livre dans ma bibliothèque, et vous amuser à lire pour éviter l'ennui.

DIALOGO VIII.

Para se vestir.

DIALOGUE VIII.

Pour s'habiller.

João, traz-me huma camisa e gravata lavadas; as de hontem estão sujas.

Jean, apportez-moi une chemise et une cravate blanches; celles que j'avais hier sont sales.

Quer Vm. huma camisa fina ?	*Voulez-vous une chemise fine ?*
Não ; dá-me huma ordinaria.	*Non ; donnez-moi une chemise ordinaire.*
Dá-me as ceroulas, calções, meias, escarpins, e o meu chambre.	*Donnez-moi mon caleçon, ma culotte, mes bas, mes chaussons et ma robe de chambre.*
Quer Vm. meias de seda ou de linha ?	*Voulez-vous des bas de soie ou des bas de fil.*
Quererei as de seda.	*Je prendrai des bas de soie.*
Estas meias de seda tem buracos.	*Ces bas de soie sont troués.*
Ha nellas huma malha cahida.	*Il y a une maille de rompue.*
Será preciso levalas á palmilhadeira para que as concerte.	*Il faudra les donner à la ravaudeuse pour qu'elle les raccommode.*
Calçarei meias de algodão.	*Je vais prendre des bas de coton.*
Dá-me agoa para lavar as mãos, a boca, e o rosto.	*Donnez-moi de l'eau pour que je me lave les mains, la bouche et le visage.*
Aqui tem o seu penteador, com a caixa dos pos, pomada e pentes.	*Voici votre peignoir, avec la boîte à poudre, la pommade et les peignes.*

Os dentes do meu pente de marfim estão quasi todos quebrados.	*Les dents de mon peigne d'ivoire sont presque toutes cassées.*
Dá-me huma toalha para limpar as mãos.	*Donnez-moi une serviette pour essuyer mes mains.*
Vou barbear-me, por ter a barba grande.	*Je vais faire ma barbe, car elle est très-longue.*
Traz-me a bacia, navalhas, sabonete, a essencia, e o espelho.	*Apportez-moi le bassin, les rasoirs, la savonnette, l'essence et le miroir.*
As suas navalhas não valem nada; huma dellas tem bocas.	*Vos rasoirs ne valent rien; il y en a un qui est ébréché.*
Será preciso levalas ao cuteleiro para as afiar.	*Il faudra les porter au coutelier pour qu'il les repasse.*
A minha camisa está muito fria; accende o lume e aquenta-ma.	*Ma chemise est bien froide; faites du feu et chauffez-la.*
Dá-me as ligas e as fivelas, o colete e os suspensorios.	*Donnez-moi mes jarretières et mes boucles, mon gilet et mes bretelles.*
Os meus sapatos estão limpos?	*Mes souliers sont-il décrottés?*
Parece-me que chove;	*Il me semble qu'il*

deve haver lama ; neste caso , metterei as pantalonas e calçarei as botas.

tombe de l'eau ; il doit faire de la boue ; dans ce cas, je prendrai mon pantalon et mes bottes.

Aqui tem as pantalonas azues e as botas bem reluzentes.

Voici votre pantalon bleu et vos bottes bien reluisantes.

De que vestido se servirá ?

Quel habit allez-vous mettre ?

Dá-me o novo ; o outro tem algumas nodoas ; será preciso dalo ao lavador.

Donnez-moi mon habit neuf ; mon autre habit a quelques taches ; il faudra le donner au dégraisseur.

Por que não toma a sua sobrecasaca ?

Pourquoi ne prenez-vous pas votre redingote ?

Tens razão.

Vous avez raison.

Vou batela e escovala.

Je vais la brosser et la battre.

Aonde está o meu chapeo ?

Où est mon chapeau?

Toma a escova para lhe tirares a poeira.

Prenez la vergette pour en ôter la poussière.

Dá-me as luvas e a minha bengala.

Donnez-moi mes gants et ma canne.

Vm. fará bem de levar hum guarda-chuva.

Vous ferez bien de prendre un parapluie.

Esquecia-me a bolsa e hum lenço lavado.

J'oubliais de prendre ma bourse et un mouchoir blanc.

Se a lavandeira vier, lhe darás a minha roupa suja, e examinarás se ella traz todo o que se lhe deu a ultima vez.

Si la blanchisseuse vient, vous lui donnerez mon linge sale, et vous verrez si elle rapporte le compte de ce qui lui a été donné la dernière fois.

DIALOGUE IX.

Para almoçar.

DIALOGUE IX.

Pour déjeuner.

Estimo muito de o ver, vamos almoçar juntos.

Je suis bien aise de vous voir, nous allons déjeuner ensemble.

De ordinario não almoço tão cedo; aceitarei com todo o vosso convite, para ter o gosto de o accompanhar.

Je ne déjeune pas ordinairement de si bonne heure; j'accepterai cependant volontiers l'offre que vous me faites, pour avoir le plaisir de vous tenir compagnie.

Que costuma almoçar?

Que mangez-vous à votre déjeuner?

Quer presunto, salchichas ou pastel?	*Voulez-vous du jambon, des saucisses ou du pâté?*
Nada de extraordinario por minha causa; eu não quero mais do que participar do vosso almoço.	*Ne faites point d'extraordinaire pour moi; je ne veux que partager votre déjeuner.*
Estou no costume de não tomar mais do que chá; porem achandome com grande appetite, comerei com gosto huma pouca de carne.	*Je suis dans l'habitude de ne prendre que du thé; mais comme j'ai grand appétit, je mangerai un peu de viande avec plaisir.*
João, traz o almoço; venha o presunto, vinho, copos, facas, e garfos.	*Jean, servez le déjeuner; apportez le jambon, du vin, des verres, des couteaux et des fourchettes.*
Deixa a caldeira junto ao lume, para que a agoa esteja bem quente.	*Laissez la bouilloire auprès du feu, pour que l'eau soit bien chaude.*
Principiemos a comer.	*Commençons à manger.*
Quer lhe dê huma fatia de presunto?	*Voulez-vous que je vous serve une tranche de jambon?*
De boa vontade.	*Très-volontiers.*
Trato-o como amigo e sem ceremonia.	*Je vous traite en ami et sans cérémonie.*

Sentiria que Vm. obrasse de outra maneira.

Je serais fâché que vous en agissiez autrement.

Este presunto he excellente; dê-me outra talhada.

Ce jambon est excellent; donnez-m'en une autre tranche.

Eu como muito mais do que Vm.

Je mange beaucoup plus que vous.

Não lhe devo servir de exemplo, não sendo acostumado a comer carne ao almoço; reservo-me para o chá.

Je ne dois pas vous servir d'exemple, je ne suis pas accoutumé à manger de la viande à mon déjeuner; je me réserve pour le thé.

Nesse caso, peça o chá; eu não quero comer sem Vm.

Dans ce cas, demandez donc le thé; je ne veux pas manger sans vous.

Rapaz, traz a caixa do chá, o bule, a caldeira, o açucar, manteiga e as torradas.

Garçon, apportez la boîte au thé, la théière, la bouilloire, le sucre, le beurre et les rôties.

Traz tambem o sal e as colherinhas.

Apportez aussi le sel et les petites cuillers.

Vejo com pesar que espera por mim.

Je vois avec peine que vous m'attendez.

Espero que o chá se faça.

Je vous demande pardon, j'attends que le thé soit infusé.

Aqui tem a manteiga, prepare as suas torradas.

Voici le beurre, préparez vos rôties.

Muito obrigado; não farei torradas, ser-me hia impossivel comer mais.

Je vous remercie; je ne ferai pas de rôties, il me serait impossible de manger davantage.

Talvez preferisse huma taça de café ou de chocolate.

Peut-être aimeriez-vous mieux prendre une tasse de café ou de chocolat.

Não, de certo; gosto mais do chá com torradas; porem não tenho mais vontade de comer: tomarei somente huma taça de chá.

Non, du tout; j'aime beaucoup le thé avec des rôties; mais je n'ai plus faim: je prendrai une tasse de thé seulement.

O seu chá he muito bom; bem se vê que he curioso.

Votre thé est très-bon; on voit que vous en êtes amateur.

Poder-lhe hei offerecer outra taça?

Pourrai-je vous en offrir une autre tasse.

Fico-lhe infinitamente obrigado, acabei de almoçar.

Je vous suis infiniment obligé, mon déjeuner est fini.

DIALOGO X.

Para jantar.

Alegro-me pelo ver chegar neste momento, he a hora de jantar.

Se não tem convite para hoje, rogo-lhe me haja de fazer favor de jantar commigo.

Muita he a sua bondade, e de boa vontade o aceitaria; porem o meu vestuario o não permitte.

Que isso lhe não sirva de obstaculo, seremos sós; minha mulher e minha filha estão no campo. Eu o convido sem ceremonia e só para ter o prazer de gozar por mais tempo da sua companhia.

DIALOGUE X.

Pour dîner.

Je suis charmé de ce que vous êtes venu dans ce moment, voilà l'heure de dîner.

Si vous n'avez pas d'invitation pour aujourd'hui, faites-moi, je vous prie, l'honneur d'accepter mon dîner.

Vous êtes bien bon: je l'accepterais volontiers; mais ma toilette ne me le permet pas.

Que cela ne soit pas un obstacle, nous ne serons què nous deux; ma femme et ma fille sont à la campagne. Je vous invite sans cérémonie; ce n'est que pour avoir le plaisir d'être plus long-temps ensemble.

Nesse caso, consinto de todo o meu coração a accompanhar-vos, com a condição de que Vm. não ha de alterar o seu ordinario.	*Dans ce cas, je consens de tout mon cœur à vous tenir compagnie, à condition que vous ne changerez rien à votre ordinaire.*
Tenha a certeza de que será obedecido.	*Je vous assure que vous serez obéi.*
Vamos para a sala do jantar, a meza está servida.	*Nous allons passer dans la salle à manger, le dîner est servi.*
Rapaz, traz hum guardanapo, huma faca, huma colher, hum garfo, hum prato e hum copo.	*Garçon, apporte une serviette, un couteau, une cuiller, une fourchette, une assiette et un verre.*
Queira assentar-se, essa cadeira lhe he destinada.	*Donnez-vous la peine de vous asseoir, ce siége vous est destiné.*
De que sopa gosta mais, de arroz ou de legumes?	*Qu'aimez-vous le mieux, le potage au riz ou la soupe grasse avec des légumes?*
He-me indifferente; pedir-lhe hei da de legumes.	*Cela m'est indifférent; je vous demanderai de la soupe avec peu de légumes.*
Esta sopa he eccellente.	*Cette soupe est excellente.*
Rapaz, este copo está	*Garçon, ce verre est*

mal lavado; traz outro e o sacarolhas para destapar a garrafa.

mal rincé; apportez-en un autre, avec un tire-bouchon pour déboucher la bouteille.

De que vinho lhe poderei offerecer? Aqui tem do de Borgonha e de Bordeaux.

De quel vin puis-je vous offrir? Voilà du Bourgogne et du Bordeaux.

He difficil a escolha; creio que ao principio da comida, se deve preferir o de Borgonha.

Le choix est embarrassant; je crois que le vin de Bourgogne est préférable au commencement du repas.

Esse cozido tem boa apparencia.

Voilà un bouilli de belle apparence.

Vou cortar-lhe huma talhada.

Je vais vous en découper une tranche.

Rapaz, dá pão ao Senhor.

Garçon, donne du pain à Monsieur.

De que pão gosta mais, do fresco ou do secco?

Qu'aimez-vous mieux, du pain tendre ou du pain rassis?

Comerei do secco; comendo mais facilmente o miolo do que a codea, receio que o pão fresco, principalmente sendo quente, me faça mal.

Je mangerai du pain rassis; comme je mange plus facilement la mie que la croûte, je craindrais que le pain tendre, surtout s'il est chaud, ne me fît du mal.

Vm. não bebe nada; permitta-me a honra de lhe encher o copo.	*Vous ne buvez point; que j'aie l'honneur de vous verser à boire.*
Basta, eu lho rogo; tanto o encheo, que o vou entornar sobre a toalha.	*Arrêtez, je vous prie; vous m'en avez versé à plein verre, je vais en répandre sur la nappe.*
Rapaz, traz o assado e a salada.	*Garçon, apporte le rôti et la salade.*
Vou temperar a salada, em quanto Vm. trincha essa franga.	*Je vais me charger d'assaisonner la salade, pendant que vous allez découper cette poularde.*
A qui tem o sal, pimenta, vinagre e azeite.	*Voici le sel, le poivre, le vinaigre et l'huile.*
Não se incommode a mexela, isso o fará o rapaz.	*Ne vous donnez pas la peine de la retourner, c'est l'affaire du garçon.*
Vou dar-lhe huma aza, menos que Vm. não prefira a coxa ou outra qualquer parte.	*Je vais vous servir une aile, à moins que vous ne préfériez la cuisse ou tout autre morceau.*
Agradecido.	*Je vous remercie.*
Esta franga he deliciosa, com gosto repetirei.	*Cette poularde est délicieuse, j'y retourne avec plaisir.*

Tire salada.

Prenez de la salade.

Sou-lhe muito obrigado ; não posso comer mais.

Je vous suis infiniment obligé ; je ne mangerai pas davantage.

Vm. não come nada ; verdadeiramente me envergonho de ter-lhe offerecido hum tão máo jantar.

Vous ne mangez point ; en vérité, je suis confus de vous avoir offert un si mauvais repas.

Pelo contrario, tenho comido muito, e muito mais do que deveria, tendo almoçado carnes, e mais tarde que de costume : affirmo-lhe que não poderei cear.

Pardonnez-moi, j'ai beaucoup mangé, beaucoup plus que je n'aurais dû faire, ayant déjeuné à la fourchette, et plus tard qu'à l'ordinaire : je vous assure que je ne pourrai pas souper.

Vm. vê que não faltei ao que lhe prometti, pois que em nada excedi o ordinario.

Vous voyez que je vous ai tenu parole, et que je n'ai rien ajouté à mon ordinaire.

Não gosto da grande variedade de iguarias ; não me occupo se ha primeira e segunda coberta, guisados diversos, entradas e pratos do meio.

Je n'aime pas la grande variété des mets ; je m'inquiète peu qu'un repas ait un premier, un second service, des ragoûts de toute espèce, des entrées, des entremets.

Huma comida simples incita muito mais o appetite.

Un repas simple excite bien plus l'appétit.

Certifico-lhe que ha muito tempo não jantei com tanto appetite.

Je vous réponds qu'il y a long-temps que je n'ai dîné avec autant d'appétit.

Vou pois fazer servir a sobremeza.

Je vais donc faire servir le dessert.

Tire do que gostar, das peras, maçãas ou biscoutinhos.

Prenez ce qui vous plaira, des poires, des pommes, des petits gâteaux.

Vou dar-lhe a provar do vinho da Madeira que comprei ultimamente.

Je vais vous faire goûter du vin de Madère que j'ai acheté ces jours derniers.

A sua saude.

Je bois à votre santé.

Pago na mesma moeda.

Je vous rends la pareille.

Este vinho he delicioso.

Ce vin est délicieux.

Levantemo-nos da meza.

Levons-nous de table.

DIALOGO XI.

Deitando-se na cama.

He muito tarde.

He tempo de hir-se deitar.

Não gosto de deitar-me tarde.

Sinto-me com grande disposição de dormir.

Quando se está fatigado, acha-se a cama boa.

Pedro, dá-me o meu barrete.

Fizeste hoje bem a minha cama?

Sim, Senhor, eu a mexi bem.

Tira a colcha.

Cerra as cortinas.

Fecha as portas das janellas do quarto.

Aquece-me a cama.

Senhor, o esquentador está quebrado.

DIALOGUE XI.

En se couchant.

Il est fort tard.

Il est temps de s'aller coucher.

Je n'aime pas à veiller.

Je me sens grande envie de dormir.

Quand on est fatigué, on trouve le lit bon.

Pierre, donnez-moi mon bonnet de nuit.

Avez-vous bien fait mon lit aujourd'hui?

Oui, Monsieur, je l'ai bien remué.

Otez la courte-pointe.

Tirez les rideaux.

Fermez les volets de l'appartement.

Bassinez mon lit.

Monsieur, la bassinoire est cassée.

Cobrir-me hei melhor.	*Je me couvrirai davantage.*
Vou despir-me e metter-me na cama.	*Je vais me déshabiller et me mettre au lit.*
Está Vm. bem coberto?	*Êtes-vous bien couvert?*
Sim; podes retirarte.	*Oui; vous pouvez vous retirer.*
Deixa-me a vela; gosto de ver a`luz no quarto.	*Laissez la chandelle; j'aime à avoir de la lumière dans ma chambre.*
Se logo não dormir, lerei.	*Si je ne m'endors pas de suite, je lirai.*
A penas pousa a cabeça no travesseiro, logo resona.	*Vous êtes à peine sur le coussin, que vous ronflez déjà.*
Tens razão, não tardarei a profundamente dormir.	*Vous avez raison, je ne tarderai pas à dormir profondément.*
Leva a vela.	*Emportez la chandelle.*
Apaga a vela.	*Eteignez la chandelle.*
Traz o fuzil, com mechas e pederneiras.	*Apportez le briquet, avec des allumettes et des pierres à feu.*
Não ha isca.	*Il n'y a pas d'amorce.*
Vou buscar-lhe o fuzil phosphorico.	*Je vais vous apporter le briquet phosphorique.*

Sim traz.	*C'est bien.*
Boa noute, Senhor ; eu lhe appeteço tranquillidade.	*Bonne nuit, Monsieur ; je vous souhaite un bon repos.*
Não te esqueças de me despertar amanhãa cedo.	*N'oubliez pas de m'appeler demain de bon matin.*
He-me preciso sahir ao amanhecer.	*Il faut que je sorte à la pointe du jour.*
Não faltarei.	*Je n'y manquerai pas.*

DIALOGO XII. — DIALOGUE XII.

Em huma Casa de pasto. — Chez un Restaurateur.

He tempo de jantar.	*Il est temps de dîner.*
Entremos em algum restaurador.	*Entrons chez un restaurateur.*
Jantaremos em hum gabinete particular?	*Dînerons-nous dans un cabinet particulier?*
Não: creio será melhor jantar na sala, pedindo pelo rol ou a preço fixo ; servem com mais presteza, e não custa tão caro.	*Non : je crois qu'il vaut mieux dîner dans le salon, à la carte ou au prix fixe ; on est plus vite servi, et cela ne coûte pas si cher.*

Servente, o rol. | *Garçon, la carte.*

Que desejão, Senhores? | *Que demandez-vous, Messieurs?*

Dá-nos huma sopa e hum caldo de substancia. | *Donnez un potage et un consommé.*

Serão immediatamente servidos. | *Vous êtes servis à l'instant.*

De que vinho querem? | *Quel vin désirez-vous?*

Huma garrafa de Macon. | *Une bouteille de vin de Mâcon.*

Manda-nos vir quatro duzias de ostras muito frescas. | *Vous ferez apporter quatre douzaines d'huîtres bien fraîches.*

Gosto mais do pão ordinario do que dos pães pequenos. | *J'aime mieux le pain ordinaire que le petit pain.*

Posso satisfazelo. | *On peut vous satisfaire.*

Tenho grande appetite. | *J'ai très-grand appétit.*

Rapaz, hum beefsteak simples e outro com batatas, e logo depois hum entrecosto com molho picante e hum pato com ervilhas tenras. | *Garçon, un beef-steak au naturel et un beef-steak aux pommes de terre, ensuite un entre-côte à la sauce piquante et un canard aux petits pois.*

De que assado querem?	*Que voulez-vous pour rôti?*
Hum quarto de carneiro com chicoreas, e huma franga.	*Un gigot de mouton avec de la chicorée, et une poularde.*
Como acha o cozinhado?	*Comment trouvez-vous cette cuisine?*
Muito bom, eu lho affirmo; mas o vinho não he bom.	*Fort bonne, je vous assure; mais le vin n'est pas bon.*
He sempre o que mais custa a achar de bom.	*C'est toujours ce qu'on a le plus de peine à avoir bon.*
Elle deve ser insupportavel para quem está acostumado a bebelo no mesmo paiz em que se recolhe.	*Il doit être insupportable pour ceux qui sont accoutumés à en boire dans le pays où il se récolte.*
Que comeremos por sobremeza?	*Que prendrons-nous pour dessert?*
Escolha, o rol se acha bem guarnecido.	*Choisissez, la carte est bien garnie.*
Nelle ha castanhas, biscoutos, morangos, cerejas, etc.	*Il y a des macarons, des biscuits, des fraises, des cerises, etc.*
He bastante.	*En voilà assez.*
Calculemos a nossa despeza.	*Faisons le compte de notre dépense.*
Pagaremos ao mostrador quando sahirmos.	*Nous payerons en passant au comptoir.*

Senhores, não se esqueção do servente.	*Messieurs, n'oubliez pas le garçon.*

DIALOGO XIII.	DIALOGUE XIII.
Em hum Café.	Dans un Café.
Faz muito calor.	*Il fait très-chaud.*
Estou mui sequioso; preciso de tomar algum refresco.	*Je suis très-altéré; on sent le besoin de se rafraîchir.*
Entremos em algum café em que se fume.	*Entrons dans un estaminet.*
Não o accompanharei; o fumo do tabaco, me atordoa : não me agrada o enviar huma baforada de fumo ao nariz do meu visinho.	*Je ne serai pas de votre compagnie; la fumée du tabac m'entête : je ne trouve pas de plaisir à envoyer une bouffée de fumée au nez de mon voisin.*
Bem vejo que Vm. não fuma; se tivesse embarcado ou sido soldado, o seu maior gosto seria de ter o cachimbo ou o cigarro na boca.	*Je vois bien que vous ne fumez pas; si vous aviez été marin ou soldat, vous n'auriez pas de plus grand plaisir que d'avoir la pipe ou la cigare à la bouche.*

Entremos en hum café.	*Entrons dans un café.*
Que querem, Senhores? regelos, limonada?	*Que voulez-vous, Messieurs? des glaces, de la limonade?*
Dê-nos cerveja.	*Donnez-nous de la bière.*
Esta cerveja he muito boa.	*Cette bière est fort bonne.*
Ella não escuma muito.	*Elle ne mousse pas beaucoup.*
He por ser nova.	*C'est qu'elle est nouvelle.*
Não beba com pressa, se tem calor, por que lhe fará mal.	*Ne buvez pas trop vite, si vous avez chaud; cela vous fera mal.*
Tão boa he a cerveja quando faz calor, como o café e o ponche quando faz frio.	*La bière est aussi bonne quand il fait chaud que le café ou le punch quand il fait froid.*
O café he bom em todo o tempo.	*Le café est bon en tout temps.*
He com elle que almoço de ordinario.	*C'est avec cela que je déjeune ordinairement.*
Eu almoço com chocolate feito com leite, e tomo huma taça de café sem leite e sem açucar, depois de jantar.	*Moi, je déjeune avec du chocolat au lait, et je prends une tasse de café à l'eau, sans sucre, après mon dîner.*

Quer Vm. tomar algum licor?

Voulez-vous prendre quelque liqueur?

Não; eu lhe agradeço, elle me esquentaria muito: tomarei antes hum copo de orxata ou de sorvete.

Non; je vous remercie, cela m'échaufferait trop: je prendrai volontiers un verre d'orgeat ou de sorbet.

E eu tambem.

Et moi aussi.

Senhor, ser-lhe hia possivel passar-me essa gazeta acabando-a de ler?

Monsieur, pourriez-vous me passer cette gazette, quand vous l'aurez lue?

Aqui a tem, Senhor; eu jà a li.

Monsieur, la voici; je l'ai lue.

Que noticias politicas ha hoje?

Qu'y a-t-il de nouveau aujourd'hui en politique?

Não saberei dizer-lho.

Je ne saurais vous le dire.

Pouco me occupo de noticias politicas.

Je m'occupe fort peu de politique.

Dos jornaes só leio o que se refere a literatura, e sobre todo ao theatro.

Je ne lis dans le journal que ce qui a rapport à la littérature, et surtout au théâtre.

Frequentemente ha nelles artigos desse genero muito interessantes.

Il y a souvent des articles de ce genre très-intéressans.

Hoje não ha nada na

Il n'y a rien aujour-

gazeta ; ha tempo que ella não contem muitas novidades.

d'hui dans le journal ; depuis quelque temps, il n'y a pas beaucoup de nouveautés.

Não estamos na estação ; toda a gente se acha no campo.

Nous ne sommes pas dans la saison ; tout le monde est à la campagne.

Seremos, sem dúvida, bem indemnizados no inverno.

Nous en serons, je crois, bien indemnisés cet hiver.

Falla-se muito de peças de theatro, e sobre todo de huma prodigiosa quantidade de romances.

On parle de beaucoup de pièces de théâtre, et surtout d'une prodigieuse quantité de romans.

Isso occupará os jornalistas, e divertirá os desoccupados.

Cela fournira de l'occupation aux journalistes, et amusera les désœuvrés.

Continuemos o nosso passeio.

Continuons notre promenade.

Eu paguei ao servente.

J'ai payé au garçon.

DIALOGO XIV.

Para ver a Cidade.

Rogo-lhe me faça ver o que esta cidade contem de mais notavel.

Com muito gosto; principiarei ensinando-lhe o caminho do passeio publico.

Vamos pelo caminho mais facil a reconhecer-se, para me não enganar quando queira ir só.

Em sahindo desta rua, siga o caes á direita; ao cabo delle, encontrará huma rua muito larga que o levará á praça publica, e lá verá de fronte huma rua que vai direita ao passeio.

DIALOGUE XIV.

Pour voir la Ville.

Je vous prie de me faire voir ce que la ville contient de remarquable.

Ce sera avec beaucoup de plaisir; je vais d'abord vous montrer le chemin de la promenade publique.

Prenons le chemin le plus facile à reconnaître, afin que je ne me trompe pas quand je voudrai aller seul.

En sortant de cette rue-ci, prenez le quai à droite; quand vous serez au bout, vous trouverez une rue très-large qui vous conduira à la place publique, et là, vous verrez en face une rue qui va aboutir tout droit à la promenade.

A ponte he formosissima ; tem nove arcos, e he de cantaria.

Le pont est très-beau; il a neuf arches, et est construit de superbes pierres de taille.

Ella he muito baixa, e os passeios para os peãos são muito largos.

Il est très-plat, et les trottoirs pour les piétons sont larges.

Da outra parte do rio, está hum arrabalde.

De l'autre côté de la rivière, est un faubourg.

As ruas são muito direitas e bem calçadas.

Les rues sont bien alignées et bien pavées.

São tambem muito aceadas ; cloacas de distancia em distancia e canos subterraneos recebem as agoas, e as immundicias se tirão dellas com cuidado.

Elles sont aussi fort propres ; des égouts de distance en distance et des canaux souterrains reçoivent les eaux, et les immondices sont enlevées avec soin.

As casas parece serem todas construidas com tijolo e gesso.

Les maisons paraissent toutes construites en brique et en plâtre.

Ha muito poucas edificadas com pedra e madeira, por estes dous materiaes serem raros neste paiz.

Il y en a peu de construites en pierre et en bois, parce que ces deux espèces de matériaux sont rares dans ce pays-ci.

Toda a cidade está na

La ville est toute sur

margem direita do rio.

la rive droite du fleuve.

Qual he o seu circuito?

Combien a-t-elle de circuit?

Duas legoas; he muito populosa, e quasi não contem jardins nem espaços vagos.

Deux lieues; elle est fort peuplée, et ne contient presque pas de jardins et d'espaces vagues.

A cathedral se acha aberta; entremos nella.

La cathédrale est ouverte; entrons-y.

He obra prima da architectura gothica.

C'est un chef-d'œuvre d'architecture gothique.

Observe a belleza do coro, a caixa do orgão, o pulpito, etc.

Remarquez la beauté du chœur, le buffet d'orgues, la chaire à prêcher, le banc-d'œuvre.

As esculturas e relevos são admiraveis.

Les sculptures et les ciselures sont admirables.

Esta capella he revestida de marmore branco.

Cette chapelle est revêtue de marbre blanc.

Veja estas bellas estatuas de bronze e de alabastro, e a da Virgem que he de prata.

Voyez ces belles statues en bronze et en albâtre, et celle-ci de la Vierge en argent.

As pinturas sobre os vidros são perfeitissimas.

Les peintures sur les vitres sont d'une grande perfection.

Tambem tem paineis dos melhores mestres.	*Vous avez aussi des tableaux de grands maîtres.*
O exterior he formosissimo.	*L'extérieur est fort beau.*
A torre he de huma prodigiosa altura, e os sinos são magnificos.	*Le clocher est d'une hauteur prodigieuse, et les cloches sont fort belles.*
A agulha da torre se eleva até as nuvens.	*La flèche va jusqu'aux nues.*
Ella he de bronze dourado, o que com o sol faz hum bom effeito.	*Elle est de cuivre doré, et fait beaucoup d'effet au soleil.*
Vamos ver os outros monumentos, taes que o Monte pio, o Jardim das plantas, a casa da Moeda, a Bibliotheca, o Museo, etc.	*Nous allons voir les autres monumens, tels que le Mont-de-piété, le Jardin des plantes, la Monnaie, la Bibliothèque, le Musée, etc.*
Isso ficará para outro dia; já estou fatigado.	*Ce sera pour un autre jour; je suis fatigué.*
Tomemos huma carruagem para a volta.	*Prenons une voiture pour nous en aller.*
Cocheiro, esperas por alguem?	*Cocher, attends-tu quelqu'un?*
Não, Senhor; estou ao seu dispôr.	*Non, Monsieur; je suis à votre service.*

Vm. toma me á hora, ou por carreira?

Me prenez-vous à l'heure, ou à la course?

Por carreira; conduze-nos á rua Real, nº 40.

A la course; conduis-nous rue Royale, nº 40.

DIALOGO XV.

Para alugar hum Andar de casa.

DIALOGUE XV.

Pour louer un Appartement.

Tem Vm. nesta casa alguns andares ou quartos a alugar?

Avez-vous des appartemens et des chambres à louer dans cette maison?

Sim, Senhor; temos grandes e pequenos alojamentos, e quartos com moveis ou sim elles, que se alugarão já ou para o termo.

Oui, Monsieur; nous avons de grands et de petits appartemens, et des chambres garnies ou non garnies, à louer présentement ou pour le terme.

Bastar-me hia huma sala mobilhada e hum gabinete.

Il me faudrait seulement une chambre garnie et un cabinet.

Poder-se ha ver a sala do primeiro andar do

Pourrait-on voir la chambre au premier

lado da frente, como o annuncia o escrito que se acha á porta?

étage sur le devant, ainsi que l'annonce l'écriteau qui est au-dessus de la porte?

Vem de ser alugada; mas ha outra muito bonita da parte de traz, com vista do jardim.

Elle vient d'être louée; mais nous en avons une autre très-jolie sur le derrière, qui a vue sur le jardin.

Vejamo-la, talvez me sirva.

Faites-la-moi voir; je pourrai m'en arranger de même.

Vou buscar a chave, e a ella o conduzirei.

Je vais prendre la clef et vous y conduire.

Quanto pede por este quarto, cada mez?

Quel est le prix de cette chambre au mois?

Cento e cincoenta francos.

Le prix est de cent cinquante francs.

He hum preço exorbitante; corresponde a cinco francos por dia.

Ce prix est exorbitant; c'est à raison de cinq francs par jour.

Sim, Senhor; e he muito barato.

Oui, Monsieur; et c'est très-bon marché.

Veja que o quarto he grande, ornado de novo, e guarnecido de papel soberbo; que tem boa vista, que os moveis são á moda e do ultimo gosto, e que se acha

Remarquez que cette chambre est grande, fraîchement décorée, que le papier de tenture est superbe, que la vue est très-belle, que les meubles sont à la

adornado com tres espelhos.

Isso he verdade : o quarto me agrada muito; porem o preço me faz medo.

O gabinete de toucar tem huma janella.

A cheminé não fuma?

Não, Senhor.

Onde está a commua?

No corredor á esquerda.

He o seu ultimo preço?

Sim, Senhor; he impossivel o fazer a menor diminuição, e Vm. não encontrará outro que seja melhor pelo mesmo preço.

A casa tem bella apparencia, e he bem entretida; nunca se ouve nella estrepito.

mode et du dernier goût, et qu'elle est ornée de trois glaces.

Cela est vrai : la chambre me plaît beaucoup; mais le prix m'effraie.

Le cabinet de toilette est éclairé par une croisée.

La cheminée ne fume pas?

Non, Monsieur.

Où sont les latrines?

Vous avez des lieux à l'anglaise dans ce corridor à gauche.

Est-ce votre dernier prix?

Oui, Monsieur; il est impossible de diminuer la moindre chose, et vous ne trouverez pas mieux ailleurs pour le même prix.

La maison a une très-belle apparence, et est très-bien tenue; on n'y entend jamais le moindre bruit.

A rua he muito larga, e huma das mais bellas de Paris, no centro dos negocios, perto das *Tuilerias*, do *Palacio Real*, dos *Baluartes*, e dos *Theatros*.	*La rue est très-large, et une des plus belles de Paris, au centre des affaires, près des* Tuileries, *du* Palais-Royal, *des* Boulevarts *et des* Spectacles.
A sua situação he muito ventajosa.	*La position est très-avantageuse.*
Acho porem que Vm. a faz valer muito.	*Je trouve pourtant que vous la faites un peu trop valoir.*
Vm. terá de mais a ventagem de achar na casa huma pensão de familia da qual a meza he bem servida, e a sociedade da melhor escolha.	*Vous avez de plus l'avantage de trouver dans la maison une pension bourgeoise dont la table est bien servie, et la société bien choisie.*
A que preço?	*Quel en est le prix?*
A noventa francos por mez, só pelo jantar.	*Quatre-vingt-dix francs par mois, pour le dîner seulement.*
Não se poderia ajustar pela comida e alojamento juntamente?	*Ne pourrait-on pas s'arranger pour la pension et pour le logement?*
Sim, Senhor, dirigindo-se ao proprieta-	*Oui, Monsieur, en vous adressant au pro-*

rio da casa, que mora nos quartos baixos.

priétaire de la maison, qui demeure au rez-de-chaussée.

Acha-se elle agora em casa?

Y est-il dans ce moment-ci?

Não, Senhor; sahio. Se quizer esperalo, elle não deixará de logo entrar.

Non, Monsieur; il est sorti. Si vous voulez l'attendre, il ne doit pas tarder à rentrer.

Não tenho tempo; antes voltarei á noute.

Je n'ai pas le temps; je repasserai plutôt ce soir.

DIALOGO XVI.

Com hum Tapeceiro.

DIALOGUE XVI.

Avec un Tapissier.

Tenho hum andar de casa a trastejar; quizera alugar moveis ao mez.

J'ai un appartement à meubler; je voudrais louer des meubles au mois.

Quer Vm. moveis ricos, ou somente de nogueira, carvalho ou de páo pintado?

Voulez-vous des meubles riches, ou simplement en noyer, en chêne ou en bois peint?

Eu sou estrangeiro;

Je suis étranger; si

se ficar algum tempo neste paiz, comprarei moveis á moda, entre os que Vm. tiver de melhor e de mais solido.

je reste quelque temps dans ce pays-ci, j'acheterai des meubles à la mode dans ce que vous avez de plus beau et de plus solide.

Vm. achará nesta casa todo o de que precisar em páo magno, ebano, rosa, etc. todo do ultimo gosto, e da maior solidez; só na escolha se achará embaraçado.

Monsieur, vous trouverez ici tout ce qu'il vous faudra en bois d'acajou, d'ébène, de rose, etc. le tout dans le dernier goût et de la plus grande solidité; vous n'aurez que l'embarras du choix.

Por agora não quero mais do que o mais simples, e indispensavelmente necessario para mobilhar hum quarto, que habito momentaneamente.

Je ne veux pour le présent que ce qu'il y a de plus simple, et ce qui est indispensablement nécessaire pour meubler un appartement qu'on n'habite que momentanément.

Não preciso de mais do que de duas camas, huma meza para comer, hum secretario, huma guarnição de sala de visitas composta de cadeiras de braços e lisas,

Je n'ai besoin que de deux lits, une table à manger, un secrétaire, une garniture de salon en fauteuils et en chaises, deux glaces avec leur parquet, et quel-

dous espelhos com seus caxilhos, e alguns outros moveis miudos.

ques autres petits meubles.

Que tamanho devem ter os espelhos?

Quelle dimension doivent avoir les glaces?

Não sei; esqueci-me de tomar a medida.

Je n'en sais rien; j'ai oublié de prendre la mesure.

Isso não faz difficuldade, vou tomala; verei a disposição da casa, e porei de parte os moveis que lhe poderão convir.

Cela ne fait rien, je vais aller la prendre; je verrai la disposition de votre appartement, et je mettrai à part les meubles qui pourront vous convenir.

Nós hiremos juntos, e ámanhãa voltarei para terminar o nosso ajuste.

Nous allons aller ensemble, et demain je reviendrai pour finir notre marché.

DIALOGO XVII.

Com o Sapateiro e o Alfaiate.

DIALOGUE XVII.

Avec le Cordonnier et le Tailleur.

Traz-me os sapatos e as botas?

Apportez-vous mes souliers et mes bottes?

Sim, Senhor; faça favor de os provar.	*Oui, Monsieur; essayez-les, s'il vous plaît.*
Principiarei pelas botas; dê-me os ganchos.	*Je commencerai par les bottes; donnez-moi les crochets.*
Ellas estão bem apertadas.	*Elles sont bien étroites.*
Não o receie; a entrada está justa, para ficarem bem nas pernas; mas o pé não o incommodará.	*Ne craignez rien; l'entrée est juste, afin qu'elles vous fassent bien sur la jambe; mais elles ne vous blesseront pas le pied.*
Effectivamente, ellas vão bem.	*Effectivement, elles me vont très-bien.*
He boa fazenda.	*Vous avez là d'excellente marchandise.*
Dê-me o descalçador para as tirar.	*Donnez-moi le tire-botte pour me débotter.*
Provemos agora os sapatos.	*Essayons maintenant les souliers.*
São muito largos; não se precisa calçador para os calçar.	*Ils sont trop larges; il n'y a pas besoin de chausse-pied pour les mettre.*
Vm. sabe que os sapatos grossos não podem ser tão justos como os escarpins.	*Vous savez que des souliers forts ne peuvent pas être aussi justes que des escarpins.*

He verdade; porem elles podem ajustar melhor do talão, visto que o uso os alarga mais.	*Cela est vrai; mais ils peuvent être plus étroits du talon, parce qu'ils s'élargissent assez à l'usage.*
Será preciso que me faça outro par.	*Il faudra que vous m'en fassiez une autre paire.*
Tome a medida.	*Prenez ma mesure.*
Que o salto seja baixo, os talões altos e boas as solas.	*Que le talon soit bas, les quartiers assez hauts et les semelles bonnes.*
Ah! eis o alfaiate que chega.	*Ah! voilà le tailleur qui arrive.*
O meu vestido está prompto?	*Mon habit est-il prêt?*
Não, Senhor, foi-me preciso fazer deslustrar o panno; porem aqui está a sobrecasaca.	*Non, Monsieur, parce que j'ai été obligé de faire délustrer le drap; mais voici votre redingote.*
Vou provala, para ver se me vai bem.	*Je vais l'essayer, pour voir si elle me va bien.*
Parece-me ser muito comprida.	*Il me semble que la taille est bien longue.*
He a moda, Senhor; as sobrecasacas, não se fazem de outra maneira.	*Monsieur, c'est la mode; on ne fait pas les redingotes autrement.*

Faz rugas nas hombreiras, e as mangas são muito curtas e apertadas.

Les épaulettes font de faux plis, et les manches sont trop courtes et trop étroites.

Posso remedialo; deixei-lhe refego.

Je peux y remédier; j'ai laissé du rempli.

Levo-a outra vez, e á manhãa a trarei sem falta com o vestido.

Je vais remporter votre redingote, et je la rapporterai sans faute demain avec votre habit.

Seja exacto; confio no que me diz.

Soyez exact; je compte sur vous.

Sobre todo tenha cuidado em que as casas sejão bem feitas, e que os botões, forros e algibeiras sejão bem cozidos.

Ayez soin surtout que les boutonnières soient bien faites, et que les boutons, la doublure et les poches soient bien cousus.

Ha algum tempo que me serve muito mal.

Depuis quelque temps vous m'habillez fort mal.

Os ultimos calções que me fez, me opprimem muito; a cintura não he bastante alta, o cós he muito estreito, e as ligas não são bastante estreitas.

La dernière culotte que vous m'avez faite me gêne beaucoup; elle n'est pas assez haute de la ceinture, elle est trop étroite du fond, et les jarretières ne sont pas assez serrées.

Eu o advirto a trabalhar melhor daqui em diante, do contrario perderá a minha freguezia.	*Je vous engage à mieux faire à l'avenir, sinon je vous ôterai ma pratique.*
Empenhar-me hei em bem o servir.	*Je ferai tous mes efforts pour vous contenter.*
Quando voltar, lhe darei a sobrecasaca que tenho vestida, para a virar, e pôr-lhe botões de metal em lugar dos de seda que tem.	*Je vous donnerai, quand vous viendrez, la redingote que j'ai sur moi, pour la retourner et y mettre des boutons de métal au lieu des boutons de soie qui y sont.*
Julga Vm. que ella o merece?	*Croyez-vous qu'elle en vaille la peine?*
Sim, Senhor; ella ainda está muito boa.	*Oui, Monsieur; elle est encore très-bonne.*

DIALOGO XVIII, — DIALOGUE XVIII.

Com a Lavandeira. — Avec la Blanchisseuse.

Senhor, a dona da pousada acaba de dizer-	*Monsieur, la maîtresse d'hôtel vient de*

me que Vm. queria dar a sua roupa a lavar.

me dire que vous vouliez donner votre linge à blanchir.

Não ha dúvida : Vm. vem bem a tempo ; por que não tenho mais de huma camisa lavada , e todas as minhas gravatas estão sujas.

Cela est vrai : vous venez fort à propos ; car je n'ai plus qu'une chemise blanche, et toutes mes cravates sont sales.

He necessario que me não demora muito tempo a roupa , para não me achar desprovido.

Il faudra que vous ne soyez pas longtemps à me rendre mon linge, afin que je ne sois pas au dépourvu.

Não se assuste , será servido promptamente.

Ne vous inquiétez pas, vous serez servi promptement.

Aqui tem o rol : quatro pares de meias , hum barrete , etc. Entre no meu quarto de dormir , achará lá todo em huma troxa sobre a primeira cadeira , logo á entrada , e examine se a conta he justa.

Voici le mémoire : quatre paires de bas, un bonnet de nuit, etc. Passez dans ma chambre à coucher, vous y trouverez le tout dans un paquet sur la première chaise en entrant, et vous vérifierez si le compte est exact.

Senhor, achei a conta justa , e todas as peças estão marcadas.

Monsieur, j'ai trouvé le compte juste, et chaque pièce est marquée.

Que todo seja bem lavado, bem ensaboado, e as camisas passadas na barrela.

Que cela soit bien blanchi, bien savonné, et les chemises coulées à la lessive.

Pode ter essa certeza, nunca o faço de outro modo, e Vm. ficará satisfeito como o estão todos os meus antigos freguezes.

Vous pouvez en être sûr; je ne fais jamais autrement, et vous serez satisfait comme mes autres pratiques.

Vm. me fará pregas nas camisas.

Vous plisserez mes chemises.

Não me ponha gomma nos meus coletes, e passe-os ao ferro.

Vous ne mettrez point d'empois à mes gilets, et vous les repasserez.

Basta; Vm. terá a sua roupa dentro de tres dias.

Cela suffit; vous aurez votre linge dans trois jours.

Encarrega-se Vm. de concertar as meias e tomar os pontos?

Vous chargez-vous de raccommoder les bas et de faire des reprises?

Sim, Senhor.

Oui, Monsieur.

Pois bem, fará o que for necessario á minha roupa, e não precisarei de recorrer a outrem.

Eh bien, vous ferez ce qui sera nécessaire à mon linge, et je n'aurai affaire qu'à vous.

DIALOGO XIX. — DIALOGUE XIX.

Com hum Mercador de pannos e sedas. — Avec un Marchand de draperies et de soieries.

Desejára, Senhor, ver panno para fazer huma casaca. — *Monsieur, je désirerais voir du drap pour me faire un habit.*

Aqui tem as amostras dos pannos finos; não tem mais do que escolher. — *Voici des échantillons de draps fins; vous n'avez qu'à choisir.*

Quererá Vm. hum panno mesclado. — *Voudriez-vous un drap de couleur mêlée?*

Não; eu prefiro o liso. — *Non; je préfère une couleur unie.*

Aqui tem hum panno que he muito de moda. — *Voilà un drap qui est fort à la mode.*

Faça-me ver a peça. — *Montrez-moi la pièce.*

Aqui está, vou abrir-lha. He impossivel de ver hum melhor panno; repare para a trama e ordume: que firmeza! — *La voici; je vais vous la déployer. Il est impossible de voir un plus beau drap; examinez la trame et la chaîne: quelle solidité!*

He tinto em lãa? — *Est-il teint en laine?*

Pode conhecelo, em examinando o ourelo.	*Vous pouvez vous en assurer en regardant la lisière.*
Receio que a côr não seja duravel.	*Je crains que la couleur ne soit pas durable.*
Tenha a certeza que não desbotará, eu lho affirmo.	*Soyez sûr qu'elle ne passera pas, je vous en réponds.*
Parece-me que o panno tem muita gomma e apresto, e que parecerá grosso depois de deslustrado.	*Il me semble que le drap a beaucoup d'apprêt, et qu'il sera gros quand il sera délustré.*
Affirmo-lhe que só poderá ganhar com o deslustre.	*Je vous promets qu'il ne fera que gagner au délustrage.*
Eu confio em Vm.	*Je m'en rapporte à vous.*
Quantas anas me serão precisas para hum vestido?	*Combien me faut-il d'aunes pour un habit?*
Precisará de duas anas.	*Il vous en faudra deux aunes.*
A quanto a ana?	*Combien vendez-vous l'aune?*
Quarenta e cinco francos.	*Quarante-cinq francs.*
He muito caro; trate-me mais favoravel-	*C'est fort cher; traitez-moi plus favorable-*

mente, se quer que venha a ser seu freguez, e diga-me o ultimo preço.

ment, si vous voulez que je vous donne ma pratique, et dites-moi le dernier prix.

Não gosto de regatear.

Je n'aime pas à marchander.

Eu lhe disse o preço justo. Eu vendo sempre a preço fixo; he o modo de merecer conceito.

Je vous ai dit le prix au juste. Je vends toujours au prix fixe; c'est le moyen de mériter la confiance.

Desse modo não quer diminuir nada.

Ainsi vous ne voulez rien rabattre.

Contento-me com hum tão modico beneficio, que me he impossivel de fazer a menor diminuição.

Je me contente d'un bénéfice si faible, qu'il m'est impossible de diminuer la moindre chose.

Precisarei de casimira para fazer humas pantalonas.

J'aurais besoin de casimir pour me faire un pantalon.

Aqui a tem de riscas miudas que lhe poderá bem convir, e he o que está mais em moda.

En voici à côtes qui vous conviendra bien; c'est ce qu'il y a de plus à la mode.

Nesse caso, corte o de que necessito.

Dans ce cas, coupez ce qu'il me faut.

Dê-me tambem panno de algodão, e todo

Donnez-moi aussi de la toile de coton, et

o que for necessario para forros e algibeiras.

Não precisa de mais nada?

Posso fornecer - lhe todo o de que careça, setim, tafetá, fustão e sedas de todas as qualidades : estou bem sortido em todo o que pertence a esta classe.

Por agora de nada mais preciso, aqui tem o meu endereço tenha a bondade de me mandar o embrulho e a factura com recibo do que lhe devo : eu pagarei ao portador.

tout ce qui est nécessaire pour la doublure et les poches.

Ne vous faut-il rien de plus?

Je puis vous fournir tout ce dont vous aurez besoin, satin, taffetas, basin et soieries de toute espèce : je suis bien assorti dans tout ce qui concerne cette partie.

Je n'ai besoin de rien pour le moment. Voici mon adresse ; vous voudrez bien envoyer le paquet avec la facture quittancée de ce que je vous dois : je payerai au porteur.

DIALOGO XX.

Com hum Chapeleiro.

DIALOGUE XX.

Avec un Chapelier.

Tenho precisão de hum chapeo.

J'ai besoin d'un chapeau.

Deseja Vm. hum chapeo armado.	*Désirez-vous un chapeau à trois cornes?*
Não; eu quero hum chapeo redondo.	*Non; je voudrais un chapeau rond.*
Aqui os tem muito finos e á moda, huns de pelo, e os outros lisos.	*En voici qui sont très-fins et à la mode, les uns à longs poils, et les autres unis.*
Pode provar este, parece-me poderá lhe convir.	*Vous pouvez essayer celui-ci, il me semble qu'il vous conviendra.*
A borda he muito larga.	*Les bords sont trop larges.*
He como se usão presentemente.	*On les porte comme cela actuellement.*
A copa he muito pequena; ella me aperta de mais.	*La forme est trop petite; elle me serre trop.*
Aqui tem hum da mesma qualidade; a copa he mais larga, e lhe hirá bem.	*En voici un de la même qualité; la forme est plus large, il vous coiffera très-bien.*
Está bem, qual he o preço?	*C'est bon; quel en est le prix?*
Vinte e cinco francos.	*Vingt-cinq francs.*
E Vm. lhe porá hum fumo, por que estou de luto.	*Et vous m'y mettrez un crêpe, parce que je suis en deuil.*
He muito a diminuir	*C'est beaucoup dimi-*

no preço; porem não farei caso disso. | *nuer sur le prix; mais je n'y regarderai pas de si près.*

Tenha cuidado em que seja bem debruado. | *Vous ferez attention à ce qu'il soit bien bordé.*

Sim, Senhor; vai-se lhe pôr o forro, e lho levarão á manhãa pela manhãa. | *Oui, Monsieur; on va y mettre la coiffe, et on vous le portera demain matin.*

Conto com o que me diz; e darei ao mesmo tempo o chapeo que tenho na cabeça, para que o faça alimpar. | *Je compte sur vous; je donnerai en même temps le chapeau que j'ai sur ma tête, pour que vous le fassiez nettoyer.*

DIALOGO XXI. | DIALOGUE XXI.

Com hum Mercador de meias. | Avec un Marchand de bas.

A como vende as meias de seda? | *Combien vendez-vous les bas de soie?*

Senhor, tenho aqui de differentes preços; vou mostrar-lhas, Vm. escolherá. | *Monsieur, j'en ai ici de différens prix; je vais vous en montrer, vous choisirez.*

Qual he o preço destas?	*Quel est le prix de ceux-ci?*
Quinze francos.	*Quinze francs.*
He muito caro.	*C'est trop cher.*
Examine as bem; são pesadas e muito boas.	*Examinez-les bien; ils sont pesans et très-beaux.*
Eu o confesso; porem creio que não devem valer mais de doze francos.	*Je l'avoue; mais je crois que cela ne doit pas valoir plus de douze francs.*
Não lhe pedi mais do que valem.	*Je ne vous surfais pas.*
Se me quizer dàr tres pares por quarenta francos, os tomarei.	*Si vous voulez m'en donner trois paires pour quarante francs, je les prendrai.*
Vm. se aproveita da occasião de má venda, eu não ganho nada com Vm.; espero me procurará em outra occasião.	*Vous profitez de ce que la vente va mal, je ne gagne rien avec vous; j'espère que vous viendrez me voir une autre fois.*
Não deixarei de o fazer, e, se me achar bem, lhe procurarei mesmo outros freguezes.	*Je n'y manquerai pas, et, si je suis satisfait, je vous procurerai même d'autres pratiques.*
Ficar-lhe hei muito obrigado.	*Je vous en serai très-obligé.*

DIALOGO XXII.

Com hum Relojoeiro.

Eu lhe trago hum relogio a concertar.

He preciso desmanchalo para saber o que ha a fazer.

Receio que a mola principal esteja quebrada ; deixei cahir o meu relogio estando a darlhe corda , e elle parou no mesmo instante.

A mola real se acha inteiramente sobre o tambor : a fabrica não está desarranjada ; somente a pendula está curvada.

Não falta dente algum , nem á roda de encontro , nem ás outras : as agulhas soffrerão hum pouco , e será preciso endireitalas.

DIALOGUE XXII.

Avec un Horloger.

Je vous apporte une montre à raccommoder.

Il faut que je la démonte pour savoir ce qu'il y a à y faire.

Je crains que le grand ressort ne soit cassé ; j'ai laissé tomber ma montre en la montant, et elle s'est arrêtée aussitôt.

Le grand ressort est en entier sur le tambour : le mouvement n'est pas dérangé ; il n'y a que le balancier qui est courbé.

Il n'y a point de dent de cassée, ni à la roue de rencontre, ni aux autres : les aiguilles ont un peu souffert ; il faudra les redresser.

Vou immediatamente occupar-me de o concertar, e Vm. o terá á noute.

Je vais me mettre à raccommoder cela de suite, et vous l'aurez ce soir.

Penso que será necessario regular o cabello; por que elle ora se adianta, ora se atraza.

Je crois qu'il faudra régler le petit ressort spiral; car tantôt elle avance, tantôt elle retarde.

Nesse caso preciso será que me fique por alguns dias.

Dans ce cas, je serai obligé de la garder quelques jours.

Muito me obrigaria, se, no intanto, me emprestasse hum que regule bem, para saber a que hora me acho.

Je vous serai obligé de m'en prêter, en attendant une qui aille bien, pour que je puisse savoir l'heure.

Ou antes, quereria comprar hum relogio de repetição, se Vm. tem algum; o experimentarei durante esse tempo.

Ou plutôt, je voudrais acheter une montre à répétition, si vous en avez une; je la prendrai à l'essai pendant ce temps-là.

Aqui tem hum com boa campainha e excellente caixa, que marca os dias da semana e do mez; regula perfeitamente, eu affianço a sua bondade.

En voilà une dont le timbre est très-bon et la boîte superbe, qui marque les jours de la semaine et la date du mois; elle est parfaitement réglée, je vous la garantis excellente.

Vm. tem ali boas pendulas; eu precisarei de huma.

Vous avez là de belles pendules; il m'en faudra une.

Não tem mais do que escolher; achará ali de todos os gostos.

Vous n'avez qu'à choisir; il y en a de tous les goûts.

Veremos isso quando vier buscar o meu relogio.

Je verrai cela quand je reviendrai chercher ma montre.

Como lhe parecer.

Comme il vous plaira.

DIALOGO XXIII.

Com o Medico, Cirurgião e Dentista.

DIALOGUE XXIII.

Avec le Médecin, le Chirurgien et le Dentiste.

Como passou Vm. a noute?

Comment avez-vous passé la nuit?

Muito mal; tive huma febre violenta, e agora me sinto muito fraco.

Fort mal; j'ai eu une fièvre violente, et je me sens à présent très-faible.

Vm. tem máo semblante.

Vous avez mauvais visage.

Vejamos a lingua.

Voyons votre langue.

Ella está muito carregada.

Elle est bien chargée.

O pulso está agitado.	*Votre pouls est agité.*
Tem precisão de purgar-se.	*Vous avez besoin d'être purgé.*
Temo muito as purgas.	*Je crains beaucoup les médecines.*
Dar-lhe hei huma muito suave.	*Je vous en donnerai une très-douce.*
Vm. a tomará á manhãa pela manhãa, e beberá com frequencia, até que ella tenha feito o seu effeito.	*Vous la prendrez demain matin, et vous boirez beaucoup jusqu'à ce qu'elle ait fait son effet.*
Que me ordena para beber?	*Quelle boisson m'ordonnez-vous?*
Caldo de ervas.	*Du bouillon aux herbes.*
Hoje, fará rigorosa dieta.	*Aujourd'hui, vous observerez une diète absolue.*
Não me será difficil; não tenho appetite, estou enfastiado.	*Cela ne me sera pas difficile; je n'ai pas d'appétit, je suis dégoûté.*
Eis aqui a receita do purgante; mande-a ao boticario, para que elle a prepare.	*Voici l'ordonnance de la médecine; vous l'enverrez chez l'apothicaire, afin qu'il la prépare.*

Sería igualmente util de pôr-lhe hum caustico, e talvez mesmo hum cauterio no braço, porque Vm. tem muitos humores.

Il serait bon aussi de vous mettre un vésicatoire, et peut-être même un cautère au bras ; car vous avez beaucoup d'humeur.

Mande chamar o seu cirurgião ; elle lhe porá ou hum ou outro, segundo quizer.

Faites demander votre chirurgien ; il vous mettra l'un ou l'autre, à votre choix.

Voltarei a velo.

Je reviendrai vous voir.

Senhor, quizera me puzessem hum caustico no braço.

Monsieur, je voudrais me faire mettre un vésicatoire au bras.

Nada ha de mais facil ; mande buscar á botica o emplastro e hum pote de unguento.

Rien n'est plus facile ; envoyez chercher chez l'apothicaire un emplâtre et un pot d'onguent.

Tem pannos para fazer os chumaços e as ataduras?

Avez-vous du linge pour faire des compresses et des bandes?

Vão-se lhe dar.

On va vous en donner.

Curve o braço para ver se os movimentos estão livres, e se as ataduras não estão muito apertadas.

Pliez votre bras pour voir si les mouvemens sont libres, et si les bandes ne sont pas trop serrées.

Venho levantar o caustico. — *Je viens lever l'appareil de votre vésicatoire.*

Elle pegou bem ; a chaga he boa. — *Il a très-bien pris ; la plaie en est très-belle.*

Poderei eu mesmo curalo ? — *Je pourrai le soigner moi-même ?*

Sim, Senhor. — *Oui, Monsieur.*

Ahi vem o doutor. — *Voici le docteur qui vient.*

Como vai o doente ? — *Comment va le malade ?*

Muito melhor do que hontem ; a purga fez bom effeito, e eu observei exactamente as suas ordens. — *Beaucoup mieux qu'hier ; la médecine a bien fait, et j'ai suivi votre ordonnance de point en point.*

Tanto melhor ; a sua molestia não será longa. — *Tant mieux ; votre maladie ne sera pas longue.*

Estimarei muito, porque já estou aborrecido da cama. — *J'en suis bien aise ; car je suis déjà las de garder le lit.*

Faça dieta durante alguns dias, e depois poderá continuar os seus negocios. — *Vivez de régime pendant quelques jours, et vous pourrez ensuite reprendre vos occupations.*

Tome algumas ajudas.	*Prenez quelques lavemens.*
Conserve-se quente.	*Tenez-vous chaudement.*
Coma pouco e a miudo.	*Mangez peu et souvent.*
O seu estado não tem cousa que inquiete.	*Votre état n'a plus rien d'inquiétant.*
Tenho dores de dentes.	*J'ai mal aux dents.*
Provavelmente Vm. tem algum dente em máo estado.	*Vous avez probablement quelque mauvaise dent.*
Vm. tem hum dente damnificado que he preciso tirar, e hum carcomido que será necessario chumbar.	*Vous avez une dent gâtée qu'il faut arracher, et une dent creuse qu'il faut plomber.*
Não me posso decidir a isso, por ser mui doloroso.	*Je ne puis m'y décider, cela fait trop de mal.*
O seu dente está absolutamente cariado, em conservando-o, elle arruinará os outros.	*Votre dent est absolument cariée; si vous la laissez, elle gâtera les autres.*
Nesse caso arranque-o.	*Dans ce cas, arrachez-la.*
Limpar-lhe hei tambem a boca que Vm.	*Je vous nettoierai aussi la bouche, et vous*

terá cuidado de entreter limpa para que o esmalte dos dentes se conserve; eu lhe darei huma opiata para fortificar as gengivas.

aurez soin de l'entretenir propre pour conserver l'émail des dents; je vous donnerai un opiat pour affermir les gencives.

Eu lhe agradeço; eu prefiro o modo mais simples, que he de enxagoar a boca com agoa ou huma pouca de agoardente.

Je vous remercie; je préfère le moyen le plus simple, qui est de se rincer la bouche avec de l'eau ou un peu d'eau-de-vie.

DIALOGO XXIV.

Com hum Banqueiro.

DIALOGUE XXIV.

Avec un Banquier.

Senhor, eu sou portador de huma letra de cambio sacada sobre Vm. pelo seu correspondente de Londres, e endossada á minha ordem, que venho a presentar-lhe para receber o seu valor.

Monsieur, je suis porteur d'une lettre de change tirée sur vous par votre correspondant de Londres, et endossée à mon ordre; je viens vous la présenter pour en recevoir le montant.

He a pagar á vista?

Est-elle payable à vue?

Sim, Senhor.	*Oui, Monsieur.*
Vou immediatamente pagar-lha em bilhetes do banco.	*Je vais vous la payer sur-le-champ en billets de banque.*
Poderia Vm. dar-me huma parte em ouro? eu lhe contarei o agio.	*Pourriez-vous m'en compter une partie en or? je vous tiendrai compte de l'agio.*
Aqui tem dous bilhetes do banco de 500 libras, vinte peças de ouro, e o resto em peças de 5 fr. e em moedas de prata e cobre; veja se acha a conta justa; eu tenho retido o agio e preço do sacco.	*Voici deux billets de banque de 500 livres, vingt pièces d'or et l'appoint en écus de 5 fr. et en monnaie blanche ou de cuivre; voyez si vous trouvez votre compte; j'ai retenu pour l'agio et pour le sac.*
Està certo. Tenho porem alguma dúvida sobre a bondade destas duas peças de ouro; huma das quaes he muito safada.	*Le compte est juste. J'ai quelques doutes sur la bonté de ces deux pièces d'or; l'empreinte de l'une est presque effacée.*
A outra parece ter sido cerceada; e a julgar pela cór, dir-se hia ser falsa e ter muita liga.	*L'autre paraît être rognée; et à en juger par la couleur, on dirait qu'elle est fausse, et qu'elle contient beaucoup d'alliage.*
Não tem huma ba-	*N'avez-vous pas un*

lancinha? vamos pesa-la.	*trébuchet? nous allons la peser.*
Faltão-lhe cinco grãos.	*Il y manque cinq grains.*
Isso me admira; ella porem não he cerceada, o cordão está bem conservado.	*Cela est étonnant; elle n'est pourtant pas rognée, le cordon est bien conservé.*
Ensaiemo-la com agoa forte.	*Essayons-la à l'eau-forte.*
Ella he de ouro puro.	*Elle est d'or pur.*
Dar-lhe hei outra, si Vm. quizer.	*Je vous en donnerai une autre, si vous voulez.*
Tenho na minha carteira outra letra de cambio do vosso correspondente de Londres, a pagar a quinze dias de vista.	*J'ai dans mon porte-feuille une autre lettre de change de votre correspondant de Londres, payable à quinze jours de vue.*
Quer Vm. aceitala?	*Vous plait-il de l'accepter?*
Não o posso fazer, não tendo ainda recebido a ordem.	*Je ne puis pas le faire; je n'ai pas encore reçu d'avis.*
Serei obrigado a fazela protestar.	*Je serai obligé de faire le protét.*
Rogo-lhe de dilatar alguns dias; espero in-	*Je vous prie de différer quelques jours; j'at-*

cessantemente carta do meu correspondente.

tends incessamment une lettre de mon correspondant.

Eu bem conheço a firma e sinal de M. B.; espero de cedo receber o aviso.

Je reçonnais bien la signature et le paraphe de M. B.; j'espère que je recevrai bientôt l'avis.

Esperarei, para lhe evitar o disgosto de hum protesto.

J'attendrai, pour lui éviter le désagrément d'un protêt.

Vm. nada arrisca; elle he solido.

Vous ne risquez rien; il est très-bon.

Bem o sei; nós fazemos muitos negocios juntos.

Je le sais bien; nous faisons beaucoup d'affaires ensemble.

Quando receber o aviso do saque, poderei mesmo pagar logo a Vm., se assim o desejar, com o devido desconto.

Quand j'aurai reçu l'avis de la traite, je pourrai même vous la payer sur-le-champ, si vous le désirez, sous la retenue de l'escompte.

Receberei com gosto este importe em hum saque sobre Bordeaux, a trinta dias, ao curso da praça.

J'en recevrai, avec plaisir, le montant en une traite sur Bordeaux, à trente jours, au cours de la place.

Arranjaremos facilmente esse objecto.

Nous nous arrangerons facilement sous ce rapport.

Não tem do que a voltar em quatro ou cinco dias.

Vous n'avez qu'à revenir sous quatre ou cinq jours.

Não faltarei.

Je n'y manquerai pas.

DIALOGO XXV.

DIALOGUE XXV.

Para comprar Livros.

Pour acheter des Livres.

Senhor, desejo comprar alguns livros.

Monsieur, je désirerais acheter quelques ouvrages.

De que genero? Quer Vm. obras de sciencias ou literatura?

Dans quel genre? Voulez-vous des ouvrages de sciences ou de littérature?

Rogar-lhe hei de me mostrar as obras mais modernas de literatura ingleza.

Je vous prierai de me faire voir les ouvrages de littérature les plus nouveaux en anglais.

Aqui tem o catalogo dos livros ultimamente chegados de Inglaterra, com os seus preços.

Voici, Monsieur, le catalogue des livres nouvellement arrivés d'Angleterre, avec leurs prix.

Notará os artigos que forem de seu gosto, e lhos mandarei.

Vous marquerez les articles qui vous feront plaisir, et on vous les apportera.

Vejo muitas obras de luxo, de que o preço he muito elevado.

Je vois beaucoup d'ouvrages de luxe, dont le prix est fort élevé.

Mostre-me as tres primeiras obras, huma em-4°, outra em-8°, e a outra em-12°.

Montrez-moi les trois premiers ouvrages, l'un format in-4°, l'autre in-8°, et l'autre in-12.

Naõ gosto dos em-folio nem dos de pequena forma.

Je n'aime pas les in-folio et les petits formats.

Huns são muito incommodos, e os outros são de ordinario de huma impressão que fatiga a vista.

Les uns sont trop embarrassans, et les autres sont ordinairement d'une impression qui fatigue les yeux.

Aqui tem, Senhor, as obras que me pedio.

Voici, Monsieur, les ouvrages que vous avez demandés.

Qual he o ultimo preço destas obras?

Quel est le juste prix de ces ouvrages?

O preço, Senhor, he o que se acha indicado no catalogo; eu vendo por hum só preço, e nunca faço regatear.

Monsieur, le prix est tel qu'il est marqué dans le catalogue; je vends à prix fixe, et je ne fais jamais marchander.

He muito caro.

C'est bien cher.

Observe Vm. que a primeira he magnificamente encadernada em marroquim, com folhas douradas, forrada de tabí e ornada com elegancia; que o papel he ponto real, assetinado, e que he superiormente impressa.

Remarquez, Monsieur, que le premier est magnifiquement relié en maroquin, doré sur tranches, doublé de tabis et orné de belles dentelles; que le papier est vélin-satiné, et que l'impression est supérieurement exécutée.

As duas outras obras são encadernadas em papel; porem contem grande numero de cartas e estampas preciosas, primeiras provas.

Les deux autres ouvrages sont brochés; mais ils renferment un grand nombre de planches et de superbes gravures, premières épreuves.

Estas obras forão ellas bem revistas? Por não haver cousa mais desagradavel do que o ter livros imperfeitos.

Ces ouvrages ont-ils été bien collationnés? car rien n'est plus désagréable que d'avoir des livres imparfaits.

Poderia Vm. encarregar-se de me fazer encadernar huma das obras, e pôr á outra capas de papelão?

Ne pourriez-vous pas vous charger de me faire relier une des brochures et cartonner l'autre?

O farei de muito boa vontade.

Je le ferai volontiers.

Vm. quer a encader-

Voulez-vous une re-

nação em carneira ou em bezerro?

liure en basane ou une en veau?

Prefiro a encadernação em bezerro aleonado, com filetes de ouro, e a lombo fendido.

Je préfère une reliure en veau fauve, avec des filets d'or, et à dos brisé.

Quizera que o papelão fosse coberto de papel, e que as margens não fossem aparadas.

Je voudrais que le cartonnage fût en papier, et que les marges ne fussent pas rognées.

Vm. terá cuidado de que não haja transposição alguma, e que as estampas sejão cobertas de papel de seda.

Vous veillerez à ce qu'il n'y ait pas de transposition, et que les gravures soient couvertes de papier serpente.

Pode persuadir-se que todo será bem acondicionado.

Vous pouvez être sûr que ce sera bien conditionné.

Quando estará feito?

Quand cela sera-t-il prêt?

Será preciso que espere oito dias.

Vous serez obligé d'attendre huit jours.

Faça-me o favor de me mandar todo com a factura do que lhe dever; eu pagarei ao portador.

Vous voudrez bien m'envoyer le tout avec la facture de ce que je vous devrai; je payerai au porteur.

Vou deixar-lhe o meu endereço.

Je vais vous laisser mon adresse.

Espero que me não esquecerá.

J'espère que vous ne m'oublierez pas.

Pode contar com certeza.

Vous pouvez y compter.

DIALOGO XXVI. / DIALOGUE XXVI.

Para escrever huma Carta. / Pour écrire une Lettre.

Em que dia parte o correio para Bordeaux?

Quel jour la poste part-elle pour Bordeaux?

De dous em dous dias.

Tous les deux jours.

Creio que parte hoje.

Je crois qu'elle part aujourd'hui.

Faça favor de dar-me huma penna, tinta e papel.

Donnez-moi, s'il vous plaît, une plume, de l'encre et du papier.

Vá ao meu gabinete, e achará tudo o de que precisa.

Passez dans mon cabinet, vous trouverez tout ce qu'il faut.

Quer papel cortado para cartas? aqui está.

Voulez-vous du papier à lettre? en voilà.

As suas pennas não estão aparadas a meu gosto; ellas são ou muito finas ou muito grossas.

Vos plumes ne sont pas taillées à ma main; elles sont ou trop fines ou trop grosses.

Ali está o meu canivete e outras pennas sem ser aparadas.	*Voilà mon canif et d'autres plumes qui ne sont pas taillées.*
Pode tirar tinta da garrafa, se achar espessa a que está no tinteiro.	*Vous pourrez prendre de l'encre dans la bouteille à l'encre, si celle qui est dans l'encrier est trop épaisse.*
Vm. achará na gaveta obreias e lacre, hum raspador, faca de marfim, e area dourada.	*Vous trouverez dans le tiroir des pains à cacheter, de la cire d'Espagne, un grattoir, un plioir et de la poudre d'or.*
Fico-lhe obrigado.	*Je vous remercie.*
Não deve perder tempo se quer franquear a sua carta.	*Vous n'avez pas de temps à perdre, si vous voulez affranchir votre lettre.*
He quasi meio dia.	*Il est bientôt midi.*
Não tenho mais que duas palavras a escrever.	*Je n'ai que deux mots à écrire.*
E de mais, lançarei a minha carta na caixa.	*D'ailleurs, je jeterai ma lettre dans la boîte.*
Esquecia-me de pôr a data e de assignar-me.	*J'oubliais de mettre la date et de signer.*
Vm. he muito aturdido.	*Vous êtes bien étourdi.*

A quantos estamos do mez ?

Quel est le quantième du mois ?

Aos oito de julho.

Nous sommes au huit de juillet.

A minha carta está dobrada, a capa está feita; não falta mais do que pôr-lhe o sobreescrito e fechala.

Ma lettre est pliée, l'enveloppe est faite ; je n'ai plus qu'à mettre l'adresse et à la cacheter.

Vou levala ao correio.

Je vais la porter à la poste.

Não tenha esse incommodo; vou lá mandar o meu criado.

Ne vous en donnez pas la peine ; je vais y envoyer mon domestique.

Vm. me faz muito obsequio.

Vous m'obligerez beaucoup.

DIALOGO XXVII.

Para hir ao Theatro.

DIALOGUE XXVII.

Pour aller au Spectacle.

A que theatro hiremos esta noute ?

A quel spectacle irons-nous ce soir?

Se for do vosso agrado, hiremos á Opera.

Nous irons, si vous voulez, à l'Opéra.

He o unico especta-

C'est le seul specta-

culo interessante que ha hoje.

cle intéressant qu'il y ait aujourd'hui.

Todos os outros theatros dão más peças, ou são máos os comicos que nelles representão.

Tous les autres théâtres donnent de mauvaises pièces, ou ce sont de mauvais acteurs qui jouent.

Pois então, que se representa na Opera?

Que donne-t-on donc à l'Opéra?

Duas peças novas.

On représente deux nouvelles pièces.

Conhece Vm. os authores?

Connaissez-vous les auteurs?

Os authores das fallas não são conhecidos; porem a musica da peça principal dizem ser de hum excellente compositor.

Les auteurs des paroles ne sont pas connus; mais la musique de la principale pièce est, dit-on, d'un très-bon compositeur.

Tanto melhor; nesse theatro, a musica he todo, e pouco importão as palavras.

Tant mieux; à ce spectacle, la musique fait tout, et l'on s'inquiète peu des paroles.

Ouviremos huma cantora que pela primeira vez apparece no theatro; dizem que canta ás mil maravilhas, que a sua voz he suave, e que nas

Nous entendrons une cantatrice qui paraît sur la scène pour la première fois; on dit qu'elle chante à ravir, que sa voix est douce,

modulações e garganteos he encantadora.

et que ses modulations et ses roulades sont charmantes.

Alem do que, haverá no intervallo dos actos huma dança; e hum musico do maior talento executará un solo de trompa.

De plus, il y aura dans l'entr'acte un ballet; et un virtuose de première force exécutera un solo sur le cor.

Será preciso hirmos cedo, para podermos ter bons lugares.

Il faudra que nous partions de bonne heure, si nous voulons être bien placés.

Ha aperto, e as lojas dos bilhetes ainda se não abrirão; tomemos de pressa lugar na fila.

Il y a foule, et les bureaux ne sont pas encore ouverts; prenons vite notre rang.

Vm. tomará bilhetes da platea para si e para mim.

Vous prendrez un billet de parterre pour vous et pour moi.

Creio que a platea he o lugar em que se goza mais do golpe de vista, e em que melhor se ouve.

Je crois que le parterre est l'endroit où l'on est le mieux pour jouir du coup-d'œil et pour bien entendre.

Eu penso o mesmo.

Je pense de même.

Agora chega a nossa vez.

Voilà notre tour qui vient.

Eu o espero a porta, entremos.

Je vous attends à la porte, entrons.

A sala he bellissima; ella deve conter muita gente.	*La salle est fort belle; elle doit tenir bien du monde.*
A opera não tardará que principie.	*Le spectacle ne va pas tarder à commencer.*
Os musicos vão chegando, a orchestra se guarnece.	*Les musiciens arrivent, l'orchestre se garnit.*
Os primeiros camarotes, as galerias, o amphitheatro, a platea, está todo cheio.	*Les premières loges, les galeries, l'amphithéâtre, le parterre, tout est plein.*
Creio que ha gente até mesmo nos bastidores.	*Je crois qu'il y a du monde jusque dans les coulisses.*
Socego, silencio!	*Chut, silence!*
A symphonia começa; que accordo!	*L'ouverture commence; quel ensemble!*
Esta obra he de huma bella composição; a orchestra he admiravelmente dirigida.	*Ce morceau est d'une belle composition; l'orchestre est admirablement conduit.*
Levanta-se o panno.	*La toile se lève.*
O vestuario e as decorações são de maravilhoso effeito.	*Les costumes et les décorations sont d'un effet merveilleux.*
A rapidez das transformações he incrivel.	*La rapidité des changemens est incroyable.*

Os coros e os recitativos são excellentes.

Les chœurs et les récitatifs sont excellens.

Esta musica he deliciosa.

Cette musique est délicieuse.

Os actores representão muito bem, e por isso toda a gente applaude.

Les acteurs jouent très-bien, aussi tout le monde applaudit.

Que pensa desta principiante? Ella tem muita graça nos gestos, e precisão na declamação, huma physionomia agradavel, e hum orgão encantador.

Que pensez-vous de la débutante? Elle a beaucoup de grâce dans ses gestes et de justesse dans la déclamation, un physique agréable et un organe charmant.

Quando ella tenha mais firmeza e exercicio do theatro, será huma excellente actriz, e huma muito boa acquisição para a opera.

Quand elle aura plus d'à-plomb et d'habitude de la scène, ce sera un excellent sujet, et une très-bonne acquisition pour le théâtre.

Acabada a dança e solo, hiremos ao vestibulo, e lá veremos as actrizes e as figurantes.

Après le ballet et le solo nous irons au foyer, nous verrons les actrices et les figurantes.

A segunda peça principia; a musica não he boa, os accompanha-

La seconde pièce commence; la musique n'est pas bonne, les accom-

mentos não valem nada. | *pagnemens ne valent rien.*

Não ha nella acção, nem união; não he mais doque hum tecido de inverosimilhanças ridiculas, que a musica não pode fazer supportaveis. | *Il n'y a point d'action, point d'ensemble; ce n'est qu'un tissu d'invraisemblances ridicules, que la musique ne peut rendre supportables.*

O principal actor representa mal, elle sobrecarrega muito o seu papel. | *L'acteur principal joue mal, il charge trop son rôle.*

A peça não chegará ao fecho; os assobios já se ouvem, o rumor se augmenta, o panno cahe. | *La pièce n'ira pas jusqu'au dénoûment; les sifflets se font entendre, le bruit augmente, on baisse la toile.*

DIALOGO XXVIII. | DIALOGUE XXVIII.

Para se informar de alguem. | Pour s'informer de quelqu'un.

Quem he aquelle senhor que encontramos | *Quel est ce monsieur que nous avons rencon-*

hontem no passeio?

tré hier à la promenade?

He hum Francez.

C'est un Français.

Parece que tem muita viveza, e a sua conversação he muito variada, e a mais agradavel, o seu exterior he muito vantajoso, a sua physionomia e os seus modos são cheios de nobreza: pode dizer-se que he hum homem perfeito.

Il paraît avoir beaucoup d'esprit, et sa conversation est très-variée et très-agréable; son extérieur est très-avantageux; il a beaucoup de noblesse dans les traits et dans les manières: on peut dire que c'est un bel homme.

Se o conhecesse mais particularmente, saberia que elle he em extremo condescendente, e que sempre está prompto a prestar.

Si vous le connaissiez plus particulièrement, vous sauriez qu'il est très-complaisant, et toujours prêt à rendre service.

Alem do que, elle he muito instruido e versado nas linguas scientificas, elle sabe quasi todas as linguas da Europa, e tem conhecimentos bastante extensos em diversas sciencias, como da historia, geographia, direito, etc.; sabe bem

De plus, il est fort instruit et versé dans les langues savantes; il sait presque toutes les langues de l'Europe, et a des connaissances assez étendues dans plusieurs sciences, telles que l'histoire, la géographie, le

musica, e toca varios instrumentos.

droit, etc.; il connaît très-bien la musique, et joue de plusieurs instrumens.

Ha muito tempo que tem com elle relações de amizade?

Y a-t-il long-temps que vous êtes lié d'amitié avec lui?

Ha já alguns annos.

Il y a plusieurs années.

Fiz conhecimento com elle em Paris; elle vinha habitualmente á casa de hum dos meus parentes, na qual eu morava.

J'ai fait sa connaissance à Paris; il venait habituellement dans la maison d'un de mes parens chez qui je demeurais.

Que idade tem?

Quel âge a-t-il?

Poderá ter vinte e cinco annos.

Il peut avoir vingt-cinq ans.

Não o julgava tão idoso.

Je ne le croyais pas si âgé.

He casado?

Est-il marié?

Não, Senhor; elle he solteiro.

Non, Monsieur; il est garçon.

Tem irmãos e irmãas?

A-t-il des frères et des sœurs?

Não, Senhor, não tem irmãos nem irmãas.

Non, Monsieur, il n'a ni frères ni sœurs.

O que delle me diz me faz ardentemente de-

Le portrait que vous m'en faites me fait dé-

sejar de o conhecer.

sirer ardemment de le connaître.

Eu lhe procurarei o seu conhecimento, venha segunda feira jantar commigo, elle será tambem convidado, só seremos os tres, e então poderá por si mesmo avalialo.

Je vous ferai faire sa connaissance; venez dîner lundi avec moi, je l'inviterai aussi, nous ne serons que trois, et cela vous mettra à portée de le juger par vous-même.

DIALOGO XXIX.

Sobre as Modas.

DIALOGUE XXIX.

Sur les Modes.

Quer Vm. vir commigo?

Aonde vai Vm.?

Vou fazer algumas compras.

Vm. está sempre ao corrente das modas.

Disserão-me que havia muitas novas modas.

Eu não sei nada, venho do campo; ainda

Voulez-vous venir avec moi?

Où allez-vous?

Je vais faire des emplettes.

Vous êtes toujours au courant des modes.

On m'a dit qu'il y avait beaucoup de modes nouvelles.

Je n'en sais rien, je viens de la campagne;

não vi o jornal das modas, e verdadeiramente não sei o como se vive.

je n'ai pas encore vu le journal des modes, et je ne sais réellement plus comment on vit.

As modas mudão todos os dias.

Les modes changent tous les jours.

Não o sinto, a variedade me agrada.

Je n'en suis pas fâché, la variété me plaît.

Não me pareço com Vm.; esta instabilidade me desagrada : não se sabe de que maneira se possa apparecer.

Je ne suis pas comme vous ; cette instabilité me déplaît : on ne sait comment se mettre.

Não obstante he preciso conformarmo-nos as modas novas, se não se quizer parecer ridiculo em extremo.

Il faut pourtant se conformer aux nouvelles modes, si l'on ne veut pas être souverainement ridicule.

Com todo Vm. confessará que ha modas tão extravagantes, que não se podem usar.

Vous avouerez néanmoins qu'il y a des modes si bizarres, qu'on ne peut s'y conformer.

Porem que quer Vm.? a moda he huma filha do capricho, e ella se parece á sua origem.

Que voulez-vous? la mode est un enfant du caprice, elle se sent de son origine.

Não gosto de adoptar as modas logo que apparecem, principalmen-

Je n'aime pas à adopter les modes aussitôt qu'elles paraissent, sur-

te quando são levadas ao excesso.

tout quand elles sont portées à l'excès.

Quanto a mim eu as adopto todas sem examinar o que ellas são, e creio ser o melhor modo para evitar a uniformidade.

Moi, je les adopte toutes sans examiner ce qu'elles sont, et je crois que c'est le meilleur moyen d'éviter l'uniformité.

DIALOGO XXX.

Sobre as Noticias.

DIALOGUE XXX.

Des Nouvelles.

Que noticia ha?

Quelles nouvelles y a-t-il?

Não sei nada.

Je n'en sais rien.

Não ha nenhuma.

Il n'y en a aucune.

De que se falla na cidade?

De quoi parle-t-on en ville?

Ouvi dizer que.....

J'ai entendu dire que.....

He huma boa noticia.

C'est une bonne nouvelle.

Que se diz dos negocios politicos?

Que dit-on des affaires politiques?

Não lhe direi nada.

Je ne vous en dirai rien.

Nada soube a esse respeito.	*Je n'ai rien appris à ce sujet.*
Já não leio a gazeta.	*Je ne lis plus le journal.*
Não ouvio dizer que hiamos a ter guerra?	*N'avez-vous pas entendu dire que nous allions avoir la guerre?*
Não ouvi fallar nisso.	*Je n'en ai pas entendu parler.*
Isso me admira muito; a dizer-lhe a verdade, não o creio.	*Cela m'étonne beaucoup; à vous dire vrai, je ne le crois pas.*
Esta noticia merece confirmação.	*Cette nouvelle mérite confirmation.*
De quem a ouvio?	*De qui la tenez-vous?*
He a voz geral, ella se acha na boca de todos.	*C'est le bruit général; elle est dans la bouche de tout le monde.*
Alem disso, ella me veio de boa parte.	*D'ailleurs, je la tiens de bonne part.*
O Senhor N. he o meu autor; Vm. bem sabe que de ordinario elle he bem informado.	*M. N. est mon auteur; vous savez qu'il est ordinairement bien instruit.*
Creio que o não he neste caso.	*Je crois qu'il n'en est pas de même dans cette circonstance.*
Não ha ainda oito dias que a paz se assignou, e pode Vm. crer	*Il n'y a pas huit jours que la paix a été signée, et vous pouvez*

que a guerra vai começar de novo!	*croire que la guerre recommence!*
Estou bem longe de o crer, não faço mais do que relatar-lhe o que se diz.	*Je suis loin de le croire, je ne fais que vous rapporter ce que l'on dit.*
Esse boato poderia bem ser espalhado por pessoas mal intencionadas, que são inimigas da tranquillidade publica.	*Ce bruit pourrait bien être semé par des gens malintentionnés, qui sont ennemis de la tranquillité publique.*
Isso pode bem ser; porque depois de huma tão dilatada guerra, devemos esperar e desejar, que a paz seja duravel.	*Cela pourrait bien être; car, après une guerre aussi longue, nous avons lieu d'espérer, et nous devons souhaiter que la paix soit durable.*
O commercio, que ha tantos annos padece, precisa muito da paz para renascer.	*Le commerce, qui souffre depuis tant d'années, a grand besoin de la paix pour se relever.*
Os negociantes não poderião assaz temer huma nova guerra.	*Les négocians ne sauraient trop redouter une nouvelle guerre.*

DIALOGO XXXI. DIALOGUE XXXI.

Sobre o estudo da Lingua franceza.

Sur l'étude de la Langue française.

Aprende Vm. o francez?

Sim, Senhor.

Faz bem; he huma lingua tão universalmente conhecida, que he vergonhoso deixar de a saber.

Falla-se francez em todos os paizes da Europa.

Alem do que, a literatura franceza he tão bella, que ella offerece hum manancial inexhaurivel de prazer a todo aquelle que se acha em estado de appreciala.

Está já muito adiantado?

Entendo já muito bem os autores quando leio;

Apprenez-vous le français?

Oui, Monsieur.

Vous avez raison; c'est une langue si universellement répandue, qu'il est honteux de ne pas la connaître.

On parle français dans tous les pays de l'Europe.

D'ailleurs, la littérature française est si belle, qu'elle offre une source intarissable de plaisir à celui qui est en état de l'apprécier.

Êtes-vous déjà fort avancé?

J'entends assez bien les auteurs à la lecture;

porem fallo muito mal, e quasi não percebo a conversação.

mais je parle fort mal, et je n'entends presque pas la conversation.

Isso não o deve admirar : para entender a conversação, he preciso muito uso, por que o estilo familiar he cheio de expressões que lhe são particulares, e que se precisa estar muito acostumado a pronunciação ; o que só se pode adquirir á força de fallar com Francezes.

Cela ne doit point vous étonner : pour entendre la conversation, il faut beaucoup d'usage, parce que le style familier est rempli d'expressions qui lui sont particulières, et qu'il faut être bien accoutumé à la prononciation ; ce qui ne peut venir qu'à force de parler avec des Français.

Depois que estou em França, he o que mais cuidadosamente tenho procurado.

Depuis que je suis en France, je me suis attaché à cela particulièrement.

Ha quanto tempo está em França?

Combien y a-t-il que vous êtes en France?

Ha dous mezes.

Deux mois.

Não tem perdido o seu tempo ; Vm. já falla muito bem.

Vous n'avez pas perdu votre temps ; vous parlez déjà très-bien.

Pelo contrario, parece-me que tenho feito poucos progressos ; a lingua franceza he tão dif-

Je vous demande pardon, il me semble que j'ai fait peu de progrès ; la langue fran-

ficil, que a cada instante me acho embaraçado.

çaise est si difficile, que je me trouve arrêté à chaque pas.

Vm. tem boa pronunciação, e facilmente o podem entender.

Vous prononcez très-bien, et l'on vous entend sans peine.

He preciso fallar o mais que lhe for possivel.

Il faut parler le plus que vous pourrez.

He o que procuro fazer; porem o receio de mal fallar me retem muitas vezes.

C'est ce que je tâche de faire; mais la crainte de mal dire me retient souvent.

Não tema, he só preciso ser ousado; frequente as boas sociedades e o theatro, e bem de pressa entenderá o francez tão facilmente na conversação como o entende nos livros.

Ne craignez rien, il ne vous faut que de la hardiesse; fréquentez les bonnes sociétés et le spectacle, et vous ne tarderez pas à entendre le français dans la conversation avec autant de facilité que vous l'entendez dans les livres.

Não me será difficil seguir o seu conselho; por que não pode pensar o quanto a sociedade dos Francezes me he agradavel, e o gosto que

Je n'aurai pas de peine à suivre votre avis; car vous ne sauriez croire combien la société des Français m'est agréable, et quel

acho na representação das obras primas de Corneille, de Racine, de Voltaire, de Molière, etc.

plaisir j'éprouve à la représentation des chefs-d'œuvre de Corneille, de Racine, de Voltaire, de Molière, etc.

DIALOGO XXXII.

DIALOGUE XXXII.

Para tirar Informações antes de principiar huma Viagem.

Pour prendre des Informations avant de commencer un Voyage.

Quantas leguas ha daqui a B.?

Combien y a-t-il de lieues d'ici à B.?

Cento e cincoenta.

Il y a cent cinquante lieues.

A estrada he agradavel?

La route est-elle agréable?

Não o pode ser mais.

Elle est on ne peut plus agréable.

A vista de continuo se recrea pela variedade de sitios.

La vue est sans cesse récréée par la variété des paysages.

Passa-se por algumas cidades que mereção a attenção de hum viajante?

Passe-t-on par quelques villes qui méritent de fixer l'attention d'un voyageur?

Sim, de certo, encontrará nesta estrada varrias e boas cidades, algumas das quaes são muito importantes relativamente ao seu commercio e á sua industria, e outras offerecem alguns monumentos curiosos.	*Oui, certes, vous rencontrez sur cette route plusieurs belles villes, dont quelques-unes sont très-importantes sous le rapport de leur commerce et de leur industrie, et d'autres offrent des monumens curieux.*
Poderia Vm. indicarme quaes são os estabelecimentos mais notaveis e os objectos os mais interessantes?	*Pourriez-vous m'indiquer quels sont les établissemens les plus remarquables et les objets les plus intéressans?*
O farei com muito gosto.	*Je le ferai avec plaisir.*
Se mo permitte, o notarei no meu livro de lembranças.	*Si vous me le permettez, je vais en prendre note sur mes tablettes.*
Creio que primeiro se passa por O.	*Je crois qu'on passe d'abord par O.*
Estou tão fatigado da carruagem, que desejo hir até lá a pé.	*Je suis si las d'être en voiture, que j'ai bien envie d'aller jusque-là à pied.*
Não lho aconselho, por que seria obrigado	*Je ne vous le conseille pas, parce que*

a pernoitar no caminho, e só achará más pousadas.

vous seriez obligé de coucher en route, et vous ne trouveriez que de mauvaises auberges.

Como sou bom caminhador, e sendo os dias grandes, partindo cedo, poderei vencer o caminho em hum dia.

Comme je suis bon marcheur, et que les jours sont longs, je pourrai faire le chemin en un jour, en partant de bon matin.

Isso seria impossivel, menos que quizesse atravessar a charneca de noute, o que não he prudente.

Cela est impossible, à moins que vous ne traversiez la forêt à la nuit, ce qui n'est pas prudent.

Sinto muito, pois teria desejado hir a pé até O..., e depois visitar o palacio de C...., que não deve ficar longe.

J'en suis fâché, car j'aurais beaucoup désiré d'aller à pied jusqu'à O...., et de visiter ensuite le château de C...., qui ne doit pas en être très-éloigné.

He ainda a dez leguas de distancia.

Il en est encore à dix lieues.

Não pensava que a distancia fosse tamanha.

Je ne pensais pas que la distance fût si grande.

Ainda isso não he todo; para hir a elle terá

Ce n'est pas tout; vous aurez pour y aller

a passar o caminho mais detestavel que ver se pode.

le chemin le plus affreux qu'il soit possible de voir.

Não ha estrada real que a elle chegue?

Il n'y a donc pas de grande route qui y conduise?

Não; não ha mais do que hum atalho.

Non; il n'y a qu'un chemin de traverse.

Precisará algumas vezes trepar escarpados penhascos cercados de precipicios, e outras enterrar-se em valles pantanosos e cobertos de arvoredos.

Il vous faudra tantôt grimper sur des rochers escarpés au milieu des précipices, et tantôt vous enfoncer dans des vallons marécageux et couverts de bois.

Não ha hum rio a passar?

N'y a-t-il pas une rivière à passer?

Não he hum rio, he sim huma torrente, que nunca se passa sem perigo, principalmente nesta estação em que as neves derretidas a tem muito grossa.

Ce n'est pas une rivière, c'est un torrent, qu'on ne passe jamais sans danger, mais surtout dans cette saison qu'il est gonflé par la fonte des neiges.

Vm. pode, se quizer, alugar hum cavallo por hum dia para o levar a O....

Vous pouvez, si vous voulez, louer un cheval à la journée pour vous conduire à O....

Não gosto de viajar a cavallo; alem do que,

Je n'aime pas à voyager à cheval; d'ailleurs,

o que vem de dizer-me, me tira a curiosidade de ver o palacio de C...	*ce que vous venez de me dire, m'ôte la curiosité de voir le château de C....*
Preferirei hir pela diligencia daqui a B...	*J'irai plutôt par la diligence d'ici à B...*
Sabe Vm. quanto se paga por cada lugar?	*Savez-vous combien l'on prend par place?*
Cem francos.	*On prend cent francs.*
Quantos dias se passão no caminho?	*Combien est-on de jours en route?*
Seis dias, e não se caminha de noute.	*Six jours, et l'on ne va pas la nuit.*
Não se pode hir mais depressa.	*On ne peut pas aller plus vite.*
Não ha nada que admirar; a estrada he bella e bem calçada.	*Il n'y a rien d'étonnant; la route est belle, et la chaussée très-bien pavée.*
Não se encontrão a caso algumas serras?	*On ne rencontre donc pas de montagnes?*
Não, só ha serras em perspectiva.	*Non, on n'a les montagnes qu'en perspective.*
As postas são bem servidas?	*Les postes sont-elles bien servies?*
Muito bem, por que a estrada he mui frequentada.	*Elles le sont très-bien, parce que la route est très-fréquentée.*

Se me não custasse muito caro, preferiria tomar cavallos de posta, para ver o paiz mais a minha vontade.

Si cela ne me coûtait pas trop cher, je préférerais prendre des chevaux de poste, afin de voir le pays plus à mon aise.

Quanto se paga por cavallo?

Combien paye-t-on par cheval?

Quanto se dá ao postilhão?

Combien donne-t-on au postillon?

Isso he muito caro; mas deve-se pagar o divertimento.

Cela est bien cher; mais on doit payer son agrément.

Não penso que lhe fique muito mais caro do que a diligencia; a unica differença que ha, he que Vm. sera obrigado a comprar huma carruagem de viagem.

Je ne crois pas que cela vous coûte beaucoup plus que la diligence; la seule différence qu'il y ait, c'est que vous serez obligé d'acheter une voiture de voyage.

Poderei encontrar alguma de occasião?

Pourrai-je en trouver une de rencontre?

Facilmente encontrará huma e barata.

Vous en trouverez facilement une à bon marché.

Nesse caso, vou-me occupar disso; e se não o incommoda, me obri-

Dans ce cas, je vais m'en occuper; et si cela ne vous gêne pas, je

;aria muito accompa-ıhando-me.	*vous serai obligé de m'accompagner.*
O farei com muito ;osto.	*Ce sera avec plaisir.*

ƆIALOGO XXXIII. / DIALOGUE XXXIII.

Para Viajar.	Pour Voyager.
Eu parto á manhãa ɔara Paris : se quer a-:ompanhar-me, o pode 'azer, e viajaremos a :onta da ametade.	*Je pars demain pour Paris : si vous voulez être de la partie, il ne tient qu'à vous ; nous voyagerons à frais communs.*
Alegro-me por ter en-:ontrado huma seme-hante occasião de fazer ı viajem com tão boa :ompanhia.	*Je suis charmé de trouver une pareille occasion de faire ce voyage en si bonne compagnie.*
Isso me faz igualmen-e muito gosto, pois não ne agrada o viajar só.	*Cela me fait aussi grand plaisir, car je n'aime pas à voyager seul.*
Hiremos pela diligen-:ia, ou em posta ?	*Irons-nous par la diligence, ou par la poste?*
Creio fariamos me-	*Je crois que nous fe-*

lhor de tomar a posta; como eu tenho a minha carruagem, não nos custará muito mais do que pela diligencia, e seremos mais á nossa vontade.

rons mieux de prendr la poste; comme j'a ma voiture, il ne nou en coûtera pas beau coup plus que par l diligence, et nous se rons plus à notre aise.

Partiremos antes de amanhecer.

Nous partirons avan le jour.

Não ha nada a recear dos ladrões?

Il n'y a donc rien craindre des voleurs?

Não de certo: a estrada he segura, e sendo huma das principaes, por ella passão carruagens de dia e de noute; alem do que ella atravessa hum paiz plano, e no qual não ha apparencia de bosques.

Oh, non: la route es très-sûre; c'est un grande route sur laquelle il passe des voi tures jour et nuit; d'ail leurs elle traverse u pays plat, où il n'y pas trace de bois.

Os cavallos estão postos á carruagem, entremos; o postilhão nos espera.

Les chevaux sont la voiture, montons; l postillon nous attend.

Nós vamos bem devagar.

Nous allons bien len tement.

As grandes carruagens nos obrigão a sahir da calçada para não sermos emborcados, e o

Les grosses voiture nous forcent à quitte le pavé pour ne pas êtr renversés, et le chemi

caminho he escabroso e cheio de carris.

est raboteux et plein d'ornières.

Nós somos bem incommodados pelos solavancos da carruagem, e a cada momento nos vemos em risco de quebrar o correão, alguma das rodas ou o elastico.

Nous sommes bien cahotés, et nous risquons à chaque instant de rompre la soupente, une roue ou le ressort.

O meu bahú está bem seguro?

Ma malle est-elle bien attachée?

Sim, Senhor; as cordas estão bem apertadas.

Oui, Monsieur; les cordes sont très-serrées.

Animo, postilhão! vamos a passo largo, para recuperar o tempo perdido; he preciso não adormecer.

Courage, postillon! allons grand train pour réparer le temps perdu: il ne faut pas s'endormir.

Senhores, não he possivel hir mais depressa; estamos chegados ao principio de huma montanha muito ingreme, e o caminho he cercado de precipicios.

Messieurs, il n'est pas possible d'aller plus vite; nous sommes arrivés au pied d'une montagne très-rapide, et le chemin est bordé de précipices.

Abri a portinhola e abaixai a estribeira, nós vamos apear-nos.

Ouvrez la portière et abaissez le marche-pied, nous allons descendre.

He preciso abaixar o vidro, receando que se quebre.	*Il faut baisser la glace, de peur qu'elle ne se casse.*
Vou aqui mudar de cavallos.	*Je vais relayer ici.*
Em quanto esso se faz, nós vamos subindo a costa, e esperaremos em cima.	*Pendant ce temps-là, nous allons monter la côte, et nous attendrons en haut.*
Hindo sempre direito, não devem temer enganar-se; quando chegarem ao caminho fendido hum mourão lhes indicará a estrada.	*En allant toujours tout droit, vous ne craignez pas de vous tromper; quand vous serez arrivés au chemin fourchu, un poteau vous indiquera la route.*
Postilhão, quando poderemos tornar a subir?	*Postillon, quand pourrons-nous remonter?*
Quando quizerem.	*Quand vous voudrez.*
Quando se tem estado em carruagem, não se pode andar, fica-se derreado.	*Après avoir été en voiture, on ne peut pas marcher, on est tout éreinté.*
Vamos devagar, evitando a borda do caminho; hum tropeço nos perderia.	*Allons doucement, et évitons le bord; un faux pas nous perdrait.*
Não receie nada, os cavallos precisão tomar	*Ne craignez rien, mes chevaux ont besoin*

o folego ; hiremos somente ao passo. — *de reprendre haleine ; nous n'irons qu'au pas.*

Quantas leguas ainda nos faltão? — *Combien avons-nous encore de lieues à faire ?*

Cinco leguas de posta, que facilmente se podem andar em duas horas. — *Cinq lieues de poste, qu'on peut faire aisément en deux heures.*

Ali está hum caminho de travez que he bem máo. — *Voilà un chemin de traverse qui est bien mauvais.*

Vê Vm. essa carruagem atolada? ella he puxada por seis cavallos, e custar-lhe ha muito a sahir do embaraço. — *Voyez-vous cette voiture embourbée ? elle est attelée de six chevaux ; elle aura bien de la peine à se tirer d'affaire.*

Chegamos a barreira; vão visitar os nossos bahús e malas. — *Nous sommes à la barrière ; on va visiter nos malles et nos portemanteaux.*

O guarda se approxima, demos-lhe as chaves. — *Le commis approche, donnons-lui nos clefs.*

Tem Vm. alguns objectos que devão pagar direitos? — *Avez-vous quelque objet qui soit sujet aux droits ?*

Não, Senhor; Vm. pode buscar. — *Non, Monsieur; vous pouvez fouiller.*

Não he necessario, basta a sua declaração.	*C'est inutile, votre déclaration suffit.*
Eis-nos chegados sem accidente.	*Nous voilà arrivés sans accident.*
Postilhão, conduze-nos a huma boa pousada.	*Postillon, conduisez-nous dans un bon hôtel.*
Sim, Senhores.	*Oui, Messieurs.*
Senhores, não se esqueção do postilhão.	*Messieurs, n'oubliez pas le postillon.*
Toma, aqui está a gorgeta.	*Tenez, voilà le pourboire.*

DIALOGO XXXIV. — DIALOGUE XXXIV.

Dos Accidentes que podem acontecer em viajando. — Des Accidens qui peuvent arriver en route.

A estrada está muito má, eis-nos atolados.	*La route est bien mauvaise, nous sommes embourbés.*
Postilhão, pára, nós vamos cahir, o correão está quebrado.	*Postillon, arrêtez, nous allons verser, la soupente est cassée.*
Hum dos cavallos escorregou e o postilhão cahio.	*Un cheval vient de s'abattre, le postillon est tombé.*

Vamos apear-nos e soccorrelo.

Descendons de voiture, allons à son secours.

Parece estar gravemente ferido, elle não pode levantar-se.

Il paraît être grièvement blessé, il ne peut pas se relever.

Elle perdeo os sentidos; recebeo huma pancada na cabeça e lança muito sangue.

Il est sans connaissance; il s'est donné un coup à la tête, il saigne beaucoup.

Tiremo-lo com cuidado de debaixo do cavallo.

Dégageons-le doucement de dessous le cheval.

Aqui estão as almofadas da carruagem, deitemo-lo nellas junto a esta arvore.

Voici les coussins de la voiture, mettons-le dessus au pied de cet arbre.

Vá buscar a garrafa da agoardente que está na caixa da carruagem, em quanto eu lhe faço respirar a agoa de Colonia.

Allez chercher la bouteille d'eau-de-vie qui est dans le coffre de la voiture, pendant que je vais lui faire respirer de l'eau de Cologne.

Custa-bem a tornar a si.

Il a bien de la peine à se remettre.

Fomos bem felices em só ficarmos com o susto; porem não pode-

Nous sommes bien-heureux d'en avoir été quittes pour la peur;

mos hir mais adiante, a nossa carruagem se acha em máo estado.

mais nous ne pouvons pas aller plus avant, notre voiture est en trop mauvais état.

Monte em hum dos cavallos, e vá ao lugarejo mais vizinho procurar cavallos e huma carreta, para a elle transportar os nossos bahús, e o postilhão que sofre muito.

Prenez un des chevaux, et allez au hameau le plus voisin chercher des chevaux et une charette, pour y transporter nos malles, et le postillon qui est bien souffrant.

Lá vem alguns camponezes, que chegão bem a proposito, com cavallos e huma carreta, vamos perguntar-lhes se nos podem ajudar.

Voilà des paysans qui viennent fort à propos avec des chevaux et une voiture; nous allons leur demander s'ils peuvent nous aider.

Meus amigos, poderão fazer-nos o favor de tomarem na sua carreta a este homem que está ferido, e os nossos bahús, para os transportar até o lugar vizinho.

Mes amis, pouvez-vous nous rendre le service de prendre dans votre charette cet homme qui est blessé, et nos malles, pour les transporter au hameau voisin?

De muito boa vontade, Senhor; e mesmo

Très-volontiers, Monsieur; nous allons

se quizer, hiremos ajudar a tirar a sua carruagem desse atoleiro.

même vous aider, si vous le voulez, à tirer votre voiture de ce mauvais pas.

Creio que isso não será possivel, a nossa carruagem está muito maltratada, hum dos cavallos acha-se desferrado, e o outro está muito fatigado.

Je crois que cela n'est pas possible, notre voiture est trop fracassée; un de nos chevaux est déferré, et l'autre est très-fatigué.

Eu ficarei aqui em quanto o Senhor vai com Vm. buscar o ferrador para ferrar o cavallo, e os officiaes para concertarem a carruagem.

Je vais attendre ici pendant que Monsieur va aller avec vous chercher le maréchal-ferrant pour ferrer le cheval, et des ouvriers pour raccommoder la voiture.

DIALOGO XXXV.

Com os Postilhões, e Chefe da posta.

DIALOGUE XXXV.

Avec les Postillons, et le Maître de poste.

Senhor, não se esqueça do postilhão.

Monsieur, n'oubliez pas le postillon.

Toma lá a gorgeta,

Tenez, voilà le pour-

e dizei ao vosso camarada que eu pago bem, e que me conduza a passo largo.

boire; dites à votre camarade que je paie bien, et qu'il me conduise grand train.

Sim, Senhor; vou fallar-lhe, e mandalo.

Oui, Monsieur; je vais lui parler, et vous l'envoyer.

Postilhão, os cavallos estão promptos?

Postillon, vos chevaux sont-ils prêts?

Sim, Senhor, nós vamos partir immediatamente.

Oui, Monsieur, nous allons partir à l'instant.

Não me faça esperar; he já tarde, eu não gosto de viajar de noute, principalmente não havendo luar.

Ne me faites pas attendre; il est déjà tard, je n'aime pas à voyager la nuit, surtout quand il ne fait pas clair de lune.

Por que se não apea hum pouco para descansar e tomar alguma cousa?

Ne descendez-vous pas un peu pour vous délasser et prendre quelque chose?

Não tenho precisão de cousa alguma, e descansarei quando tiver chegado.

Non, je n'ai besoin de rien, et je me délasserai quand je serai arrivé.

Vamos, postilhão, despachemo-nos.

Allons donc, postillon, dépêchons-nous.

Não posso apressar-me mais, os cavallos

Je ne peux pas aller plus vite, les chevaux

ainda não estão promptos.

Como he isso? vou queixar-me ao chefe da posta.

Não he culpa minha; pode fallar-lhe, elle ahi vem.

Senhor, admira-me muito o ser tão mal servido.

Peço-lhe me perdoe, pelo ter feito tanto esperar; mas foi necessario hir buscar hum terceiro cavallo, pela sua carruagem ser pesada e estar muito carregada.

Isso poderá bem ser; mas assim mesmo nunca precisei que de dous cavallos, e eu não quero tomar mais.

Vm. pode fazer o que quizer; porem hirá muito devagar, e chegará tarde; a posta que lhe falta a fazer he com-

ne sont pas encore prêts.

Comment cela? je vais me plaindre au maître de poste.

Ce n'est pas ma faute; vous pouvez lui parler, le voilà qui vient.

Monsieur, je suis bien étonné d'être aussi mal servi.

Je vous demande bien pardon de vous faire attendre; c'est qu'on a été obligé d'aller chercher un troisième cheval, parce que votre voiture est lourde et très-chargée.

Cela peut être; mais je n'ai jamais eu besoin que de deux chevaux, et je n'en veux pas prendre davantage.

Vous êtes libre de faire ce que vous voudrez, mais vous irez bien lentement, et vous arriverez très-tard; la

prida, e as chuvas tem feito a calçada escorregadia.

poste qui vous reste à faire est très-longue, et les pluies ont rendu le pavé glissant.

Ponha pois tres bons cavallos, e faça-me partir quanto antes.

Mettez donc trois bons chevaux, et faites-moi partir au plutôt.

DIALOGO XXXVI.

Na Carruagem publica.

DIALOGUE XXXVI.

Dans la Voiture publique.

O coche está muito carregado, nós não hiremos depressa.

La voiture est bien chargée, nous n'irons pas vite.

Não se deveria pôr nas carruagems publicas mais do que os embrulhos dos viajantes.

On ne devrait mettre sur les voitures publiques que les paquets des voyageurs.

Senhor, faremos nós todo o caminho juntos?

Monsieur, ferons-nous toute la route ensemble.

Sim, Senhor.

Oui, Monsieur.

Desse modo passaremos alguns dias na mesma sociedade.

Nous passerons ainsi plusieurs jours dans la même société.

Queira Vm. permit-

Voulez-vous bien

tir-me de estender as ernas?

Com muito gosto, e eremos melhor hum e outro.

Assim está bem.

Este pequeno embrulho que está entre nos, não o incommodará?

Nada me incommoda, estou maravilhosamente.

Faz huma poeira muito incommoda.

O vento vem deste lado; eu creio que seria bom de levantar esta vidraça e baixar a outra.

Levante tambem a gelozia porque o sol me dá nos olhos.

Estimaria bem poder dormir na carruagem; quando se dorme o caminho parece mais curto.

Nós vamos bem devagar.

He por que subimos

me permettre d'allonger mes jambes?

Très-volontiers, nous en serons mieux l'un et l'autre.

Voilà qui est bien.

Ce petit paquet qui est entre nous ne vous génera-t-il pas?

Rien ne me géne, je suis à merveille.

Il fait une poussière très-incommode.

Le vent vient de ce côté; je crois qu'il serait bon de lever ce panneau et de baisser l'autre.

Levez aussi la jalousie, car le soleil me donne dans les yeux.

Je voudrais bien pouvoir dormir en voiture; quand on dort, le chemin paraît moins long.

Nous allons bien lentement.

C'est que nous mon-

hum monte assaz ingreme. — *tons une montagne dont la pente est très-rapide.*

Se nos apeassemos hum pouco, descansariamos, e daria alivio aos cavallos. — *Si nous descendions un peu de voiture, cela nous délasserait et soulagerait les chevaux.*

Conductor, parai hum instante; abri a portinhola, queremos apearnos, e entraremos de novo quando vos achareis no cimo do monte. — *Conducteur, arrêtez un moment; ouvrez la portière, nous allons descendre; nous remonterons quand vous serez au haut de la montagne.*

Quando se tem ficado muito tempo em carruagem, he bem agradavel, de andar hum pouco a pé. — *Quand on a été longtemps en voiture, on est bien aise d'aller un peu à pied.*

Temo-nos adiantado da carruagem, porem ella bem depressa nos alcançará. — *Nous avons devancé la voiture, mais elle ne tardera pas à nous rattraper.*

Em que lugar pernoitaremos? — *A quel endroit nous arrêterons-nous pour coucher?*

Creio que hiremos hoje até C.... pequena cidade daqui quatro legoas. — *Je crois que nous irons aujourd'hui jusqu'à C.... qui est une petite ville à quatre lieues d'ici.*

Quantas horas são?	*Quelle heure est-il?*
Não poderei dizer-lho, o meu relogio está parado.	*Je ne pourrais pas vous le dire, ma montre ne va plus.*
São quasi seis horas.	*Il est près de six heures.*
Nós chegaremos ao fechar da noute.	*Nous arriverons à la nuit close.*
Tarda-me o chegar ao fim da minha viagem.	*Il me tarde d'être arrivé au terme de mon voyage.*
Até onde vai?	*Jusqu'où allez-vous?*
Até B....	*Je vais jusqu'à B....*
Conheço bem essa cidade, nella passo huma parte do anno.	*Je connais beaucoup cette ville, j'y passe une partie de l'année.*
Eu ainda a não conheço, a ella vou pela primeira vez.	*Je ne la connais pas encore, j'y vais pour la première fois.*
He huma das maiores cidades de França.	*C'est une des plus grandes villes de France.*
Vai-se nella estabelecer?	*Allez-vous vous y fixer?*
Não, Senhor, só por alguns dias nella ficarei.	*Non, Monsieur, je n'y passerai que quelques jours.*
Poderia Vm. indicar-me a melhor estalagem?	*Pourriez-vous m'indiquer le meilleur hôtel?*

He a do Leão de ouro, nella se vive bem e não caro. | *C'est le Lion d'or; on y est très-bien, et l'on ne paye pas trop cher.*

Nós vamos bem depressa; continuando a andar assim chegaremos bem cedo. | *Nous allons bon train; si nous continuons à aller de même, nous arriverons bientôt.*

Não me fará pena. | *Je n'en serai pas fâché.*

Nem tão pouco a mim. | *Ni moi non plus.*

DIALOGO XXXVII. — DIALOGUE XXXVII.

Com os Guardas das Alfandegas. — Avec les Commis des Douanes.

Eis-nos chegados á alfandega, teremos alguma demora. | *Nous voici arrivés à la douane, nous allons être obligés de nous arrêter.*

Os guardas não tardarão a vir fazer o seu officio. | *Les commis ne vont pas tarder à venir exercer leur métier.*

Vm. não traz cousa alguma, que seja contra as ordens do Governo? | *N'avez-vous rien contre les ordres du Gouvernement?*

Não; nada trago que seja prohibido.

Non; je n'ai aucun objet prohibé.

O meu bahú não contem alem dos objectos do meu uso, mais do que algumas fazendas que pagão direitos, em declarando-as, me direis quanto devo pagar.

Ma malle ne contient guère que des choses à mon usage; il n'y a que quelques effets qui payent des droits, et en vous les déclarant, vous me direz combien je dois payer.

Isso não basta, temos ordem para sermos muito severos, e fazer buscas as mais exactas, porque ha algum tempo a esta parte, ha a maior actividade em fazer o contrabando.

Cela ne suffit pas; nous avons l'ordre d'être très-sévères et de faire les recherches les plus exactes, parce que depuis quelque temps la contrebande est très-active.

He necessario dar-me as suas chaves.

Il faut que vous me donniez vos clefs.

Peço-lhe de só me demorar o menos possivel.

Je vous prie au moins de me faire attendre le moins possible.

A visita não será longa.

La visite ne sera pas longue.

Ficar-lhe hei muito obrigado, eu estou em atrazo, e negocios importantes me fazem desejar a prompta che-

Je vous en serai extrêmement obligé; je suis en retard, et des affaires importantes me font désirer ardem-

gada ao termo da minha viagem.

ment d'arriver promptement au terme de mon voyage.

Aqui tem a chave do cadeado, e a da fechadura do meu bahú.

Voici la clef du cadenas, et celle de la serrure de ma malle.

Queira ter a bondade de fazer a busca com precaução, por ter nelle varios objectos casuaes.

Ayez la bonté de fouiller avec précaution, il y a plusieurs choses casuelles.

Pode ter a certeza, de que nada será damnificado.

Vous pouvez être sûr qu'il n'y aura rien de gâté.

Se durante a viagem, julga não precisar de nenhum dos objectos que vão no bahú, eu lhe porei o sello.

Si vous n'avez besoin, pendant le voyage, d'aucun des objets qui sont dans votre malle, je la plomberai.

Isso me será util, para evitar o disgosto de tornar a ser examinado.

Cela me rendra service, j'éviterai par-là le désagrément d'être fouillé davantage.

DIALOGO XXXVIII.	DIALOGUE XXXVIII.
Em huma Estalagem.	Dans une Auberge.
Servente, tira o meu cavallo da carruagem, e mette esta na cocheira.	*Garçon, dételez mon cheval, et mettez ma voiture sous la remise.*
Dá ao meu cavallo huma medida de avea, farelos e hum feixe de feno.	*Donnez à mon cheval un picotin d'avoine, du son et une botte de foin.*
Sim, Senhor; e depois o levarei á pia, o lavarei e o almofaçarei.	*Oui, Monsieur; ensuite je le menerai à l'abreuvoir, je le laverai et je l'étrillerai.*
De là o conduzirás ao ferrador para o ferrar.	*De là vous le conduirez chez le maréchal pour le ferrer.*
Não o faças correr, para não o esquentar.	*Ne le faites pas courir, pour ne pas l'échauffer.*
O Senhor pernoitará aqui?	*Monsieur couchera-t-il ici?*
Sim, Senhora, se tem huma cama a dar-me.	*Oui, Madame, si vous avez un lit à me donner.*
Temos varias ao seu dispôr; Vm. poderá escolher.	*Nous en avons plusieurs à votre service; vous pourrez choisir*

Servente, conduze o Senhor ao nº 4, no segundo andar, do lado da frente, ou ao nº 5, do mesmo andar, da parte de detraz.	*Garçon, conduisez Monsieur au nº 4, au second, sur le devant, ou nº 5, au même étage, sur le derrière.*
Estou cansado, deitar-me hei cedo.	*Je suis las; je me coucherai de bonne heure.*
Faça-me preparar a cama, e ponha-lhe lençoes lavados, que não estejão humidos.	*Faites préparer mon lit, et mettez-y des draps blancs, qui ne soient point humides.*
Tem Vm. meza de sociedade?	*Tenez-vous table d'hôte?*
Sim, Senhor; e he sempre bem composta, por que a nossa casa he muito afreguezada e frequentada por pessoas as mais distintas.	*Oui, Monsieur; et elle est toujours bien composée, parce que notre maison est bien achalandée, et fréquentée par les personnes les plus distinguées.*
A que hora he a cea?	*A quelle heure est le souper?*
As dez horas.	*A dix heures.*
He muito tarde; comerei só no meu quarto: que poderá dar-me a cear?	*C'est trop tard; je mangerai seul dans ma chambre: que pouvez-vous me donner à souper?*

Posso servilo com carnes ou peixe.	*Je puis vous donner un service en gras et en maigre.*
Não preciso mais que de dous ou tres pratos, huma garrafa de bom vinho, e a sobremeza.	*Je n'ai besoin que de deux ou trois plats, une bouteille de bon vin, et du dessert.*
Quer Vm. hum fricandó com azedas, ervilhas tenras, hum frango assado e salada, com cerejas, groselhas, e vinho de Borgonha da primeira qualidade?	*Voulez-vous un fricandeau à l'oseille, des petits pois, un poulet rôti et une salade, avec des cerises, des groseilles, et du vin de Bourgogne, première qualité?*
He bastante; ha mais do que eu poderei comer esta noute, o restante servirá para o meu almoço de á manhãa.	*C'est bon; il y en a plus que je n'en mangerai ce soir, le reste servira pour mon déjeuner demain.*
Sirva-me com presteza.	*Servez-moi au plus vite.*
Não tem mais nada a ordenar?	*N'avez vous plus rien à ordonner?*
Não, nada para esta noute; porem diga ao servente que me desperte á manhãa ao nascer do sol, e de ter o meu cavallo sellado e	*Non, rien pour ce soir; mais dites à votre garçon de m'éveiller demain au lever du soleil, et de tenir mon cheval sellé et bridé,*

enfreado, por querer eu dar hum passeio a cavallo pelos arredores, antes de partir.

parce que j'irai faire un tour de promenade à cheval dans les environs, avant de partir.

Será obedecido.

Vous serez obéi.

Terá igualmente prompta a sua conta, para lhe pagar logo que chegue do passeio.

Vous tiendrez aussi votre compte tout prêt, pour que je vous paye aussitôt après mon retour de la promenade.

DIALOGO XXXIX.

Para pedir Hospitalidade.

DIALOGUE XXXIX.

Pour demander l'Hospitalité.

Aqui está huma casa de assaz bella apparencia; vejamos se nos quererão nella dar hospitalidade por esta noute.

Voici une maison d'assez belle apparence; voyons si l'on voudra nous y donner l'hospitalité pour cette nuit.

Batamos, toquemos a campainha.

Frappons, sonnons.

Quem está lá?

Qui va là?

Amigos.

Amis.

Que querem Vm.?

Que voulez-vous?

Somos viajantes.

Nous sommes des voyageurs.

Nós perdemo-nos nos atalhos.

Nous nous sommes perdus dans des chemins de traverse.

A nossa carruagem se quebrou perto de aqui, faz hum tempo horrivel: rogamos-lhe de nos querer dar asilo.

Notre voiture vient de se casser ici près; il fait un temps affreux: nous vous prions de vouloir bien nous donner un asile.

Sejão muito bem vindos, Senhores: sinto o contratempo que me faz ter a honra de ser-lhes util; porem farei de modo que o meu acolhimento os haja de consolar.

Messieurs, soyez les bien-venus: je suis fâché du contre-temps qui me procure l'honneur de vous être utile; mais je ferai en sorte que mon accueil vous en console.

Ficamos-lhe muito obrigados pela sua attenção; ser-nos hia difficultoso o poder-lhe provar o nosso reconhecimento.

Nous sommes bien sensibles à votre honnêteté; nous ne saurions trop vous en témoigner notre reconnaissance.

Devem estar fatigados; entrem nesta sala, em quanto vou fazer preparar as camas para se deitarem, e ordenar que a sua carruagem seja concertada o mais

Vous devez être fatigués; entrez dans cet appartement, pendant que je vais faire préparer des lits pour vous recevoir, et donner des ordres pour que votre

depressa que seja possivel. *voiture soit raccommodée le plus tôt qu'il sera possible.*

DIALOGO XL. — DIALOGUE XL.

Para se embarcar. — Pour s'embarquer.

Aonde está o capitão do navio? — *Où est le capitaine du vaisseau?*

Senhor, he elle que tem a honra de lhe fallar. — *Monsieur, c'est lui qui a l'honneur de vous parler.*

Vm. parte para as Indias orientaes? — *Vous partez pour les Indes orientales?*

Sim, Senhor; a minha carregação esta completa, não tenho mais do que tomar hum pouco de lastro, e partirei com o primeiro vento favoravel. — *Oui, Monsieur; ma cargaison est faite, je n'ai plus qu'un peu de lest à prendre, et je partirai au premier vent favorable.*

Tem Vm. passageiros? — *Avez-vous des passagers?*

Tenho varios; não posso tomar mais. — *J'en ai plusieurs; je n'en puis prendre davantage.*

Qual he o preço da passagem?

Quel est le prix de la traversée?

Dous mil francos.

Deux mille francs.

He muito caro.

C'est fort cher.

He muito barato; não ha nada a recear a bordo do meu navio; elle he muito veleiro, armado em guerra, com vinte peças de artilharia; a minha equipagem he sadia e valerosa; as munições não faltão, e o paiol da polvora está bem guarnecido.

C'est très-bon marché; il n'y a rien à craindre sur mon bord; mon vaisseau est bon voilier; il est armé en guerre, et percé à vingt canons; mon équipage est sain et courageux; les munitions ne me manquent pas, et ma sainte-barbe est bien garnie.

Muito bem; Vm. talvez não tenha nada a recear dos corsarios; porem isso não o segura do naufragio.

C'est fort bon; vous n'avez peut-être rien à craindre des corsaires, mais cela ne vous garantit pas du naufrage.

Nós não pensamos tanto nos naufragios como nos corsarios; ainda me lembro de ter combatido com hum desses piratas, não ha ainda muito tempo, e de lhe ter felizmente escapado.

Nous ne pensons pas tant aux naufrages qu'aux corsaires; je me rappelle encore d'avoir été aux prises avec un de ces brigands, il y a peu de temps, et de l'avoir échappé belle.

Achavamo-nos na al-

Nous étions à la hau-

tura de Gibraltar, e hiamos demandar a entrada do estreito, quando hum corsario Argelino nos atacou de improviso; o vento nos era contrario; eu estava occupado na camera com a agulha de marear; o mestre estava ao leme, e o contra-mestre não reconheceo o pirata senão quando elle ganhou o barlavento. Elle nos disparou huma banda inteira, que me desarvorou do mastro do traquete, e me crivou as velas; veio depois abordar-me: porem eu o recebi tão bem que elle fugio a todo o panno.

Desgraçadamente, nós estavamos tão maltratados, e os aparelhos em tão máo estado, que fomos obrigados a levar o navio ao reboque, e o fazer á espia entrar no porto visinho para o

teur de Gibraltar, et nous cinglions vers l'entrée du détroit, quand un Algérien tomba sur nous à l'improviste; nous avions le vent contraire; j'étais occupé dans la cahute avec la boussole; le maître était au gouvernail, et le contre-maître ne reconnut le pirate que lorsqu'il eut pris l'avantage du vent. Il nous salua d'une bordée entière, qui m'emporta le mât de misaine et cribla les voiles; il vint ensuite à l'abordage: mais je le reçus si bien, qu'il se sauva à toutes voiles.

Malheureusement, nous étions si maltraités, et les agrès étaient en si mauvais état, que nous fûmes obligés de remorquer le vaisseau et de louvoyer jusqu'au port voisin pour nous

costear, a não ser isso, lhe teria feito pagar caro a sua temeridade.

radouber, sans quoi, je lui aurais fait payer cher sa témérité.

E Vm. nunca naufragou?

Vous n'avez donc jamais naufragé?

Por vida minha, duas vezes já fui obrigado a salvar-me com a equipagem nas lanchas e sobre pedaços do navio.

Parbleu si; j'ai été obligé deux fois de me sauver avec mon équipage dans les chaloupes et sur les débris du bâtiment.

A primeira vez, no mar das Indias, o meu navio fez hum rombo, que reconheci tarde, e pouco faltou para nos perdermos. A segunda vez, no mar do Sul, perto de Acapulco, levantou-se huma horrivel borrasca, o meu navio garrou, a corrente o levou á barra, onde se perdeo nos cachopos.

La première fois, dans la mer des Indes, mon vaisseau fit une voie d'eau; je m'en aperçus fort tard, et peu s'en fallut que nous ne nous perdissions. La seconde fois, dans la mer du Sud, auprès d'Acapulco, il s'éleva une tempête affreuse; mon vaisseau chassa sur ses ancres; le courant l'emporta sur la barre, et il périt sur les brisans.

O vento refresca; esta tarde me farei á vela.

Le vent rafraîchit; je mettrai à la voile ce soir.

Desse modo não poderei fazer viagem com Vm.	*Ainsi je ne pourrai pas faire route avec vous.*
No porto não se acha outro navio á carga?	*N'y a-t-il pas dans le port d'autre navire en charge?*
Não o creio.	*Je ne crois pas.*
Serei pois obrigado a passar a Inglaterra, para encontrar mais facilmente huma occasião favoravel.	*Je serai donc obligé de passer en Angleterre, pour trouver plus facilement l'occasion favorable.*
Fará bem, o paquete parte á manhãa de tarde.	*Vous ferez mieux; le paquebot part demain au soir.*
Desejo-lhe boa viagem; vou reter o meu lugar.	*Je vous souhaite un bon voyage; je vais arrêter ma place.*
O mesmo lhe appeteço.	*Je vous souhaite la pareille.*
Quanto custa a passagem no paquete?	*Combien coûte le trajet dans le paquebot?*
Vinte francos na camara, e dez francos somente no porão ou no convez.	*Vingt francs dans la cahute, et dix francs seulement à fond de cale ou sur le tillac.*
Pode contar commigo, aqui tem o sinal.	*Vous pouvez compter sur moi, voici des arrhes.*
Volto á minha pou-	*Je vais retourner à*

[p]ada para fazèr conduzir os meus effeitos que consistem em duas caixas e huma mala.

mon auberge pour faire apporter mes effets, qui consistent en deux caisses et un porte-manteau.

Terá tempo de jantar.

Vous aurez le temps de dîner.

O meu jantar não será longo; não comerei muito, eu costumo enjoar.

Mon repas ne sera pas long; je ne mangerai pas trop, je suis sujet au mal de mer.

Indique-me a sua morada, para lhe fazer aviso quando for tempo.

Donnez-moi votre adresse, afin que je vous fasse avertir quand il sera temps.

Eu estou alojado no Leão de ouro.

Je loge au Lion d'or.

DIALOGO XLI. — DIALOGUE XLI.

Durante huma Viagem por mar.

Pendant un Voyage sur mer.

O ar he muito frio, creio ter-me constipado.

L'air est bien frais; je crois que je me suis enrhumé.

He necessario ter cuidado de bem se cobrir,

Il faut avoir soin de bien vous couvrir, vous

e resguardar-se da humidade.	*ne sauriez trop vous garantir de l'humidité.*
Tenho dores de dentes.	*J'ai mal aux dents.*
Gargareje com agoardente.	*Gargarisez-vous avec de l'eau-de-vie.*
O vento continua contrario.	*Le vent est toujours contraire.*
Creio vamos a ter huma borrasca.	*Je crois que nous allons avoir une tempête.*
O cheiro do alcatrão me enjoa.	*L'odeur du goudron me fait mal au cœur.*
Tenho calafrios, dores de cabeça e de cadeiras, e de continuo desejo vomitar.	*J'ai le frisson, j'ai mal à la tête et aux reins, je me sens une envie continuelle de vomir.*
O vento he forte, e o mar está bem agitado.	*Le vent souffle très-fort, la mer est bien agitée.*
Sinto-me tão fraco, que serei obrigado a deitar-me de bruços.	*Je suis si faible, que je vais être obligé de me coucher à plat ventre.*
A tormenta não durará muito, o vento acalma.	*La tempête ne durera pas long-temps, le vent s'apaise.*
Acho-me melhor do que a pouco estava.	*Je suis mieux que je n'étais tout-à-l'heure.*

O socego acabará de o restabelecer.	*Le calme va achever de vous remettre.*
Que magnifico espectaculo he o do pôr do sol, quando com os seus ultimos raios colorea a socegada superficie do mar.	*Quel spectacle magnifique que celui du soleil couchant, colorant de ses derniers feux la surface paisible de la mer!*
Não he terra que acolá vemos?	*N'est-ce pas la terre que nous voyons là-bas?*
Creio que sim.	*Je crois que oui.*
Bem depressa chegaremos.	*Nous arriverons bientôt.*
A que hora chegaremos?	*A quelle heure arriverons-nous?*
Não lho posso dizer, isso depende do vento.	*Je ne peux pas vous le dire, cela dépend du vent.*
Pouco mais ou menos, em que tempo?	*Dans combien de temps à peu près?*
Continuando o vento a ser favoravel, chegaremos em duas horas.	*Si le vent continue à être favorable, nous arriverons dans deux heures.*
A barra he boa?	*L'entrée du port est-elle bonne?*
He somente boa para pequenos navios.	*Elle n'est bonne que pour les petits vaisseaux.*
Os navios grandes	*Les grands vais-*

não podem entrar senão com a maré.

seaux ne peuvent entrer qu'avec la marée.

Finalmente somos chegados; saltemos ao bote.

Nous voilà enfin arrivés; descendons dans la chaloupe.

Não com tanta pressa, não se deve saltar assim no bote, o farião virar.

N'allez pas si vite, il ne faut pas se jeter ainsi dans la chaloupe, on la fera chavirer.

Ha muita gente no bote, e sobre todo muitos embrulhos, he preciso deixar estes no navio.

Il y a trop de monde dans la chaloupe, et surtout trop de paquets; il faut laisser les paquets dans le vaisseau.

DIALOGO XLII.

Entre hum Caixeiro viajante e hum Negociante.

DIALOGUE XLII.

Entre un Commis voyageur et un Négociant.

Senhor, eu viajo por conta da casa de A.... de Rouen; venho offerecer-lhe os meus serviços, e ver se poderemos entrar em mutuas relações.

Monsieur, je voyage pour la maison A.... de Rouen; je viens vous offrir mes services, et voir si nous pourrons entrer en relation ensemble.

Conheço a reputação da sua casa, e sei que ella he possuidora de huma das mais bellas fabricas de pannos da França.

Je connais la réputation de votre maison, et je sais qu'elle possède une des plus belles manufactures de draps de France.

Ella sempre se esmerou na fabricação das suas fazendas, e em todos os tempos mostrou completamente merecer o conceito de que goza.

Elle a toujours apporté beaucoup de soin dans la fabrique de ses marchandises, et a pleinement répondu, dans tous les temps, à la confiance dont elle jouit.

Seria-me sem duvida muito agradavel de principiar a corresponder-me com ella; porem o commercio em geral vai de tal modo, e os nossos generos tem de tal maneira decahido, que não se ousa emprehender cousa alguma.

Il serait sans doute fort agréable pour moi d'entrer en correspondance avec elle; mais le commerce en général va si mal, et notre genre est tellement tombé, qu'on n'ose rien entreprendre.

Deve-se esperar que o negocio vai restabelecer-se.

Il y a lieu d'espérer que les affaires vont reprendre leur cours.

Isso he muito a desejar.

Cela est fort à désirer.

As sahidas estão todas paralisadas, e as melhores fazendas se dão com vinte e cinco por cento de menos do primeiro custo.

Les débouchés sont absolument fermés, et les plus belles étoffes se donnent à vingt-cinq pour cent au-dessous du prix de fabrique.

Isso pode bem ser para certas fabricas que elevarão os seus preços a hum valor excessivo, o que faz o rebate ser somente imaginario; ou de más fazendas, de inferior qualidade que são vendidas ou offerecidas com hum desconto consideravel, para se verem livres dellas.

Cela peut être vrai pour certaines fabriques qui ont porté leurs prix à un taux très-élevé, ce qui rend le rabais imaginaire; ou pour de mauvaises marchandises, d'une qualité inférieure, qui sont colportées ou offertes à un rabais considérable, afin de pouvoir s'en défaire.

He de toda a verdade que assim succede, e que muitas pessoas enganão o publico de hum modo indigno.

Il est très-certain qu'il en est ainsi, et que beaucoup de gens trompent le public d'une manière indigne.

Nós não obramos desse modo; podem-se dirigir a nossa casa com confiança, e não duvido que conhecendo-nos,

Nous n'en agissons pas de même; on peut s'adresser à notre maison avec confiance, et je ne doute pas que,

Vm. deixe de nos dar a preferencia.	*sitôt que vous nous connaîtrez, vous ne nous donniez la préférence.*
Os nossos preços são fixados ao mais justo, e nós não podemos rebater.	*Nos prix sont portés au plus juste, et nous ne pouvons rien rabattre.*
Vou fazer-lhe ver as amostras; Vm. conhecerá facilmente a delicadeza do trabalho.	*Je vais vous montrer des échantillons; vous reconnaîtrez aisément la finesse du travail.*
Aqui tem o que ha de mais solido e mais de moda.	*Voilà ce qu'il y a de plus solide et de plus à la mode.*
Vm. pode contar com a venda.	*Vous pouvez être assuré du débit.*
Não fabrica qualidades mais ordinarias?	*Ne fabriquez-vous pas d'étoffes plus communes?*
Sim, Senhor; porem não tenho commigo as amostras, eu lhas trarei á manhãa.	*Je vous demande pardon; je n'ai pas les échantillons sur moi, je vous les apporterai demain.*
Rogo-lhe, venha jantar commigo em sahindo da praça, fallaremos mais á nossa vontade, e faremos mais amplo conhecimento.	*Venez, je vous prie, dîner avec moi au sortir de la bourse; nous causerons plus à notre aise, et nous ferons plus ample connaissance.*

Aceito com gosto; conte commigo á hora indicada.

J'accepte avec plaisir; vous pouvez compter sur moi à l'heure indiquée.

DIALOGO XLIII.

Para jogar aos Centos.

DIALOGUE XLIII.

Pour jouer au Piquet.

Quer Vm. jogar ás cartas?

Voulez-vous jouer aux cartes?

Com boa vontade, se isso pode divertilo.

Volontiers, si cela peut vous amuser.

A que jogo jogaremos?

A quel jeu jouerons-nous?

Aos centos, he o melhor dos jogos de cartas; e como Vm. o joga muito bem, me dará huma lição.

Au piquet, c'est le plus beau des jeux de cartes; et comme vous le jouez fort bien, vous me donnerez une leçon.

Perdoe-me; creio que Vm. o joga melhor do que eu.

Je vous demande pardon; je crois que vous le jouez beaucoup mieux que moi.

Dai-nos hum baralho de cartas, talhas e tentos.

Donnez un jeu de cartes, des fiches et des jetons.

Este baralho não he do piquete, he sim hum baralho completo.	*Ce n'est pas un jeu de piquet, c'est un jeu complet.*
Isso não faz differença, nós lhe tiraremos as cartas inuteis.	*Cela ne fait rien; nous ôterons les cartes inutiles.*
Vejamos quem dará; tire huma carta.	*Voyons à qui sera; tirez une carte.*
Eu tenho a maior, eu sou a mão; sou o primeiro a jogar.	*J'ai la plus haute, j'ai la main; je suis premier en carte.*
Baralhe as cartas, e dará logo que as tenha levantado.	*Battez les cartes, et donnez après que j'aurai coupé.*
As cartas se derão mal, não ficão mais de sete na baralha; devo tornar a dar.	*Les cartes sont mal données, il n'en reste que sept dans le talon; je dois refaire.*
Não tenha esse trabalho, eu tenho a minha porção; eu tenho doze cartas. Se não quer tornar a dar, descarte-se de tres, e não tome senão duas.	*Ne vous en donnez pas la peine, j'ai mon compte; j'ai douze cartes. Si vous voulez ne pas refaire, vous en écarterez trois, et vous n'en prendrez que deux.*
Consinto.	*J'y consens.*
Eu tomarei as minhas cinco cartas.	*Je prendrai mes cinq cartes.*
Não lhe deixo nenhuma.	*Je ne vous en laisse point.*

Sinto muito; pois tenho o mais máo jogo do baralho: á excepção de huma figura, todas as outras cartas são brancas.	*J'en suis fâché; car j'ai le plus mauvais jeu de la carte: à l'exception d'une figure, j'ai carte blanche.*
Eu tenho hum excellente jogo.	*J'ai un jeu superbe.*
As que comprei forão as mais favoraveis.	*Ma rentrée a été on ne peut plus favorable.*
Vm. tem oitava.	*Vous avez une dix-huitième.*
Não, nem mesmo setima; mas tenho sexta maior em páos, quatorze de ases, huma quarta maior em copas.	*Non, pas même une dix-septième; mais j'ai une seizième majeure en trèfle, un quatorze d'as, une quatrième majeure en cœur.*
Vm. deve fazer o ponto.	*Vous devez avoir le point.*
Sim, eu tenho sessenta.	*Oui, j'ai soixante de point.*
Desse modo nada posso contar; a minha quinta de rei em ouros e a minha terceira em espadas não valem nada.	*Aussi je n'ai rien à compter; ma quinte au roi en carreau et ma tierce en pique ne valent rien.*
Sou eu que devo jogar; eu lhe faço noventa.	*C'est à moi à jouer; je vous fais quatre-vingt-dix.*

Deo-me hum capote, não farei huma só vasa; estou perdido.	*Je suis capot, je ne ferai aucune levée; je suis perdu.*
Vm. nada perdeo; nós não fizemos entrada.	*Vous n'avez rien perdu; nous n'avons point fait d'enjeu.*
Vou dar-lhe a desforra, e bem depressa seremos quites; eu não serei sempre tão feliz.	*Je vais vous donner votre revanche, et nous serons bientôt quittes; je ne serai pas toujours aussi heureux.*
Tenho muita zanga.	*J'ai trop de guignon.*
Não deve ter lugar hoje.	*Ce ne sera pas pour aujourd'hui.*

DIALOGO XLIV. / DIALOGUE XLIV.

Para jogar o Xadrez e as Damas. / Pour jouer aux Echecs et aux Dames.

Como passaremos a noute?	*A quoi passerons-nous la soirée?*
Joguemos o xadrez.	*Jouons aux échecs.*
Com prazer; porem como Vm. he mais forte do que eu, deve dar-me algum partido.	*Avec plaisir; mais vous êtes plus fort que moi, il faudra que vous me donniez un avantage.*

Dar-lhe hei hum roque.	*Je vous céderai une tour.*
Não terá assim mesmo muito trabalho para ganhar; este jogo he muito difficultoso e exige uso continuo.	*Vous n'aurez pas encore de peine à me gagner; ce jeu est très-difficile et demande une pratique continuelle.*
Aqui está o taboleiro do xadrez.	*Voilà l'échiquier.*
Quaes figuras quer, as brancas ou as pretas?	*Quelles pièces voulez-vous, les blanches ou les noires?*
He-me indifferente, não sou mais habil com humas do que com as outras.	*Cela m'est indifférent; je ne suis pas plus habile avec les unes qu'avec les autres.*
Eu lhe dou o lanço.	*Je vous donne le trait.*
Eu movo o peão da minha dama.	*J'avance le pion de ma dame.*
O peão do meu rei, se adianta de duas casas.	*Le pion de mon roi fait deux pas.*
Eu pilho o seu volante.	*Je prends votre fou.*
A minha dama está em perigo.	*Ma dame est en prise.*
Vm. perde o seu cavalleiro.	*Vous perdez votre cavalier.*
O meu rei não tem mais do que dous lugares.	*Mon roi n'a plus que deux places.*

Vou pôr o meu roque junto ao rei.	*Je vais roquer.*
A sua dama não pode escapar.	*Votre dame ne peut pas se sauver.*
Eu arranjo; este lanço he inerte.	*J'adoube; ce coup est oiseux.*
Eu lho cedo.	*Je vous le remets.*
Não; figura tocada he figura jogada.	*Non; pièce touchée, pièce jouée.*
Eu o faço xaque e mate.	*Je vous fais échec et mat.*
Perdi, peço-lhe desforra ás damas.	*Je suis perdu; je vous demande ma revanche aux dames.*
Tome o taboleiro das damas.	*Prenez le damier.*
Eu sou mão.	*Je joue le premier.*
Eu lhe pilho huma tabola.	*Je vous prends un pion.*
Perdeo hum bom lanço, eu o assopro.	*Vous avez manqué de faire un beau coup; je vous souffle.*
Vou fazer dama.	*Je suis à dame.*
Cubra a minha dama.	*Damez-moi.*
Julguei que a partida seria nulla.	*Je croyais que la partie serait nulle.*
Estou encerrado.	*Je suis enfermé.*
Está acabado; Vm. ganhou o jogo; estamos quites.	*C'est fini; vous avez gagné la partie; nous sommes quittes.*

DIALOGO XLV.

Da Caça e da Pesca.

Ha já muito tempo que não fomos á caça.

Aproveitemos a frescura da manhãa para hir visitar o bosque visinho.

Com muito prazer; a caça he hum dos maiores divertimentos do campo.

Receio muito de não trazermos cousa grande, por sermos hum e o outro assaz máos caçadores.

Pouco importa; este exercicio nos dará appetite, e voltaremos á hora do almoço.

Aqui está espingardas a dous tiros, polvo-

DIALOGUE XLV.

De la Chasse et de la Pêche.

Il y a bien long-temps que nous ne sommes allés à la chasse.

Profitons de la fraîcheur du matin pour aller visiter la forêt voisine.

Avec plaisir; la chasse est un des plus grands agrémens de la campagne.

Je crains beaucoup que nous ne rapportions pas grand'chose: car nous sommes l'un et l'autre d'assez mauvais chasseurs.

Peu importe; cet exercice nous donnera de l'appétit, et nous reviendrons pour l'heure du déjeuner.

Voici des fusils à deux coups, des boîtes

rinhos, polvora e chumbo.	*à poudre, de la poudre et du plomb.*
Levemos o cão de busca do guarda da caça.	*Emmenons le chien courant du garde-chasse.*
Carreguemos as nossas espingardas; esquecemos as buchas.	*Chargeons nos fusils; nous avons oublié de la bourre.*
Ha muita caça no bosque?	*Y a-t-il beaucoup de gibier dans la forêt?*
Havia muita caça brava miuda, caça negra como fouveira; porem os ladrões de caça destruirão todo.	*Il y avait beaucoup de menu gibier, de bête noire et de bête fauve; mais les braconniers ont presque tout détruit.*
Atire a esse bando de perdizes.	*Tirez sur cette bande de perdrix.*
Não matei nenhuma; a minha espingarda errou fogo.	*Je n'ai rien tué; mon fusil a raté.*
Olhe essa lebre que o cão vem de levantar.	*Voyez ce lièvre que le chien vient de faire lever.*
Eu a aponto.	*Je l'ajuste.*
Não a errou; Vm. a estendeo morta.	*Vous ne l'avez pas manqué; vous l'avez étendu roide mort.*
Vm. atira melhor do que eu.	*Vous êtes meilleur tireur que moi.*
Foi por acaso.	*C'est un coup de hasard.*

Já faz muito calor.

Il fait déjà très-chaud.

Vamos ao almoço, e depois hiremos pescar.

Allons déjeuner, ensuite nous irons à la pêche.

Aonde pescaremos, no lago ou no rio?

Où pêcherons-nous, dans l'étang ou dans la rivière?

O lago tem muito peixe; poderemos nelle pescar á linha em quanto fizer calor.

L'étang est très-poissonneux; nous pourrons y pêcher à la ligne pendant la chaleur du jour.

Esta tarde levantaremos as nassas.

Ce soir nous leverons les nasses.

E pescaremos no rio com a trubla ou a chumbeira.

Et nous pêcherons à la truble ou à l'épervier dans la rivière.

Como for do seu gosto.

Comme il vous plaira.

Aqui estão anzoes de diversas especies, e bichos para iscar.

Voici des hameçons de plusieurs espèces, et des vers pour servir d'appât.

O peixe está esfaimado, e pica muito no anzol.

Le poisson est affamé, et mord bien à l'hameçon.

Eu pesquei hum lucio e duas carpas.

J'ai pêché un brochet et deux carpes.

E eu duas formosas

Et moi, deux belles

enças e tres persicos. — *tanches et trois perches.*

Nós somos mais desros á pesca do que á aça. — *Nous sommes plus adroits à la pêche qu'à la chasse.*

DIALOGO XLVI. — DIALOGUE XLVI.

Para nadar. — Pour nager.

Vamos banhar-nos, 'amos nadar. — *Allons nous baigner, allons nager.*

Aonde hiremos? — *Dans quel endroit irons-nous?*

Ao rio. — *Dans la rivière.*

Não receia de afogarse? o rio quasi em toda a parte he profundo, e em algumas paragens está cheio de areas movediças. — *Vous ne craignez donc pas de vous noyer? la rivière est presque partout très-profonde, et dans quelques endroits remplie de sables mouvans.*

Isso não me faz medo; eu nado como hum peixe. — *Cela ne me fait pas peur; je nage comme un poisson.*

Eu sei nadar de bruços, de costas, e entre duas agoas. — *Je nage sur le ventre, sur le dos, et entre deux eaux.*

Tambem sei mergulhar.	*Je sais aussi plonger.*
Não sou tão habil como Vm.	*Je ne suis pas aussi habile que vous.*
Não faço mais do que principiar a aprender.	*Je ne fais que de commencer.*
Vou á escola de nadar.	*Je vais à l'école de natation.*
Com que aprende? com bexigas?	*Avec quoi apprenez-vous? avec des vessies?*
Não; com cabaças ou boias de cortiça; porque as bexigas correm risco de arrebentar.	*Non; avec des gourdes ou du liége, parce que les vessies sont sujettes à crever.*
Para o anno que vem saberá tanto como eu.	*L'année prochaine vous en saurez autant que moi.*
Nada ha mais facil do que o nadar, he só preciso não ter medo.	*Rien n'est plus aisé que de nager, il ne s'agit que de n'avoir pas peur.*
Vm. vai dar-me huma lição, e verá o que sei fazer.	*Vous allez me donner une leçon, et vous verrez ce que je sais faire.*
Demoremo-nos aqui; a agoa está bella; não he profunda, e o fundo he de seixos.	*Arrêtons-nous dans cet endroit; l'eau est très-belle; il n'y a pas trop de profondeur, et le fond est de cailloux.*

Respira-se aqui huma frescura deliciosa.	*On respire ici une fraîcheur délicieuse.*
Esperemos hum pouco antes de entrarmos na agoa, para não suspender a transpiração.	*Attendons un instant avant de nous mettre dans l'eau, afin de ne pas faire rentrer la sueur.*
Vamo-nos despir.	*Déshabillons-nous.*
A agoa está excellente, ella está quentissima.	*L'eau est excellente, elle est très-chaude.*
He mais agradavel de tomar banhos em agoa corrente do que em huma tina.	*Il est plus agréable de se baigner en pleine eau que dans une baignoire.*
Sim, no verão; mas no inverno, ou quando se está doente, he bem commodo o tomar hum banho em tina.	*Oui, dans l'été; mais en hiver, ou quand on est malade, on est bien aise de prendre un bain dans une baignoire.*
O tempo se cobre.	*Le temps se couvre.*
O vento cresce e se esfria; relampeja.	*Le vent augmente et se rafraîchit; il éclaire.*
Creio que vamos ter huma trovoada.	*Je crois que nous allons avoir de l'orage.*
Olhe para as nuvens de poeira; principia a trovejar.	*Voyez les tourbillons de poussière; il commence à tonner.*
Vamos depressa sahir da agoa.	*Sortons de l'eau au plus vite.*

DIALOGO XLVII.

Do Passeio.

Este he hum formoso dia.

O tempo claro e sereno nos convida ao passeio.

Vamos tomar o ar.

Vamos dar huma volta.

Vamos passear no parque; de lá se a agoa estiver socegada, passaremos o rio, e hiremos passear nas campinas da outra banda.

O seu parque está bem plantado e bem aberto.

As arvores crescerão bem; ellas formão huma ramada que os raios do sol não podem penetrar.

DIALOGUE XLVII.

De la Promenade.

Voici une belle journée.

Le temps clair et serein nous invite à la promenade.

Allons prendre l'air.

Allons faire un tour.

Allons nous promener dans le parc; de là, si l'eau est calme, nous passerons la rivière, et nous irons dans les prairies qui sont sur la rive opposée.

Votre parc est bien planté et bien percé.

Les arbres sont bien venus; ils forment un berceau impénétrable aux rayons du soleil.

Estamos á borda do io.
Nous sommes au bord de la rivière.

Descansemos aqui no ›anco de pedra.
Reposons-nous ici sur ce banc de pierre.

Já estou cansado.
Je suis déjà las.

Eu ando com diffi-:uldade.
Je marche difficilement.

Respira-se aqui hum ır perfumado.
On respire ici un air embaumé.

Os espinheiros floridos lerramão huma suave 'ragrancia.
Les buissons d'aubépine en fleur répandent une odeur très-suave.

Tambem se sente o :heiro da acacia.
On sent aussi l'acacia.

Que bello effeito pro-luzem os raios do sol ıo seu occaso, sobre es-:as campinas.
Quel bel effet produisent les rayons du soleil couchant sur tout le paysage!

O rouxinol principia ı ouvir-se.
Le rossignol commence à se faire entendre.

Passemos o rio.
Traversons la rivière.

Estamos no prado : que formosa verdura!
Nous sommes dans la prairie : quelle belle verdure!

Os olhos se deleitão olhando para estes prados esmaltados de flores.
L'œil se plaît à errer sur ces prés émaillés de fleurs.

Veja mais ao longe
Voyez plus loin ces

esses campos semeados, e essas vinhas.	*champs ensemencés, et ces vignes.*
Os trigos tem formosa apparencia.	*Les blés ont belle apparence.*
He de esperar que será bella a colheita.	*Il y a lieu d'espérer que la récolte sera belle.*
Deixemos o prado, nelle ha muita humidade.	*Quittons la prairie, il y règne une trop grande humidité.*
Tornemos a passar o rio; acabaremos o passeio vendo o pomar, a horta e o jardim.	*Repassons la rivière; nous terminerons la promenade en visitant le verger, le potager et le parterre.*
As suas fruteiras promettem muito.	*Vos arbres fruitiers ont une belle préparation.*
Os frutos estão já vingados.	*Les fruits sont déjà noués.*
As suas hortaliças precisão ser regadas.	*Vos légumes ont besoin d'être arrosés.*
Não vá tão depressa.	*N'allez pas si vite.*
Vá mais devagar.	*Allez plus lentement.*
Examinemos hum pouco a formosura deste jardim.	*Examinons un peu la beauté de ce parterre.*
Veja como está fresca esta rosa que acaba de abrir-se.	*Voyez quelle est la fraîcheur de cette rose nouvellement épanouie.*
Colhamo-la.	*Cueillons-là.*

Faz pena o colhela, bem depressa se murcharia.

Ce serait dommage de la cueillir, elle ne tarderait pas à se flétrir.

Respeite a rainha das flores.

Respectez la reine des fleurs.

Com todo quizera darlhe hum ramo.

Je voudrais pourtant bien vous donner un bouquet.

Tome alguns jasmins, madresilva, tulipas e outras flores.

Prenez du jasmin, du chèvrefeuille, des tulipes et d'autres fleurs.

Ha bastantes, pode escolher.

Vous en avez en quantité, vous pouvez choisir.

Que diz deste jardim?

Que dites-vous de ce jardin?

Está bem entretido, e faz honra ao seu gosto.

Il est bien tenu, et fait honneur à votre goût.

Vm. reunio nelle huma pasmosa variedade de plantas indigenas e estrangeiras.

Vous y avez rassemblé une variété étonnante de plantes, tant indigènes qu'étrangères.

Isto não he nada; eu o conduzirei á manhãa ás minhas estufas, e verá o que a arte de jardinar pode produzir.

Ce n'est rien; je vous menerai demain dans mes serres chaudes, et vous verrez ce que peut produire l'art du jardinier.

DIALOGO XLVIII. DIALOGUE XLVIII.

A Primavera. Le Printemps.

A final eis-nos livres do inverno.	*Je crois que nous sommes enfin quittes de l'hiver.*
Não totalmente, faz ainda frio pela manhãa, e á noute.	*Cela n'est pas bien sûr, il fait encore froid le matin et le soir.*
A terra ainda não se acha aquecida, mas o sol cada vez vem a ter mais força.	*La terre n'est pas encore échauffée, mais le soleil prend de la force de jour en jour.*
Na verdade, e se durante quatro ou cinco dias mais fizer calor como hoje, e que ao depois chova hum pouco, bem cedo se conhecerá a mudança.	*Il est vrai que s'il fait pendant quatre ou cinq jours aussi chaud qu'aujourd'hui, et qu'il tombe ensuite un peu d'eau, on ne tardera pas à s'apercevoir du changement.*
Os pecegueiros, amendoeiras e damasqueiros estão floridos.	*Les pêchers, les amandiers et les abricotiers sont en pleine fleur.*
Os botões das arvores principião a abrir-se,	*Les boutons des arbres commencent à s'en-*

hum momento bastará para que as folhas hajão de sahir do seu involtorio.

tr'ouvrir, la feuille n'attend que le moment de sortir de son enveloppe.

O jardineiro cultiva o jardim e parece estar mui occupado.

Le jardinier travaille dans le jardin, il a l'air fort occupé.

Vamos ver o que elle faz, ao mesmo tempo veremos o jardim, e procuraremos fazer hum ramalhete de flores da estação.

Allons voir ce qu'il fait, nous visiterons en même temps le parterre, et nous tâcherons de composer un bouquet de fleurs de la saison.

Bons dias, Pedro; eis o bello tempo que torna.

Bonjour, Pierre; voilà la belle saison qui revient.

Sim, Senhor; Vm. vê que o aproveito.

Oui, Monsieur; vous voyez que j'en profite.

Que estás fazendo?

Que faites-vous là?

Faço sementeiras e planto estacas; depois hirei arejar algumas plantas da estufa.

Je fais des semis et je plante des boutures; je vais ensuite faire prendre l'air à quelques plantes de la serre-chaude.

Tens ali formosos jacintos, junquilhos e violetas dobradas.

Vous avez là de belles jacinthes, des jonquilles et de la violette double.

São as primeiras flores do anno, e cedo estaremos mais ricos.

Ce sont les premières fleurs de l'année; nous serons bientôt plus riches.

A estação se apresenta bem.

La saison s'annonce bien.

As arvores estão bem dispostas: se não vierem ventos frios, haverá muita fruta.

Les arbres ont une belle préparation: s'il ne vient pas de vent froid, il y aura beaucoup de fruits.

Pedro, faze-nos hum ramalhete de flores do tempo.

Pierre, faites-nous un bouquet de fleurs de la saison.

Poderia, Senhor, fazer-lhe hum melhor, se recorresse ás flores da estufa, por ali ter lilaz, heliotropio, rosas e jasmim de Hespanha e da Arabia.

Monsieur, je vous en ferais un plus beau, si j'avais recours aux fleurs de la serre-chaude; j'ai des lilas, de l'héliotrope, des roses, du jasmin d'Espagne et d'Arabie.

Faze como quizeres; nós continuamos o passeio, e hiremos encontrar-te na estufa.

Faites comme il vous plaira; nous allons continuer notre promenade, et nous irons vous trouver dans la serre-chaude.

Levanta-se vento, o

Le vent s'élève; le

'eo principia a cobrir-e de nuvens.	*ciel commence à se couvrir de nuages.*
Faz muito vento.	*Il fait très-grand vent.*
He o vento do equi-ıoccio.	*C'est le vent de l'équinoxe.*
Creio vamos ter hum :huveiro, o tempo res-'ria-se.	*Je crois que nous allons avoir une giboulée, le temps se refroidit.*
Seria bom que nos ıproximassemos da casa ›ara nos abrigarmos, :aso seja necessario.	*Nous ferons bien de nous rapprocher de la maison pour pouvoir nous mettre à couvert au besoin.*
Vm. tem razão.	*Vous avez raison.*

DIALOGO XLIX. — DIALOGUE XLIX.

O Verão. — L'Été.

Quer Vm. que passe-emos antes de almoçar?	*Voulez-vous que nous allions nous promener avant le déjeuner?*
Eu o desejo, estava para lho propôr.	*Je le veux bien, j'étais sur le point de vous le proposer.*

Alegro-me por ter anticipado o seu desejo.

Je suis bien aise de vous avoir prévenu selon vos désirs.

De que lado hiremos?

De quel côté irons-nous?

Podemos hir ver os segadores, que estão ceifando no campo junto á estrada.

Nous pouvons aller voir les moissonneurs qui sont dans le champ auprès de la grande route.

Pois que, já se principia a ceifa!

Quoi, la moisson est déjà commencée!

A do trigo ainda não, porem a do centeio está já muito adiantada.

La moisson du blé froment ne l'est pas encore, mais celle du seigle est très-avancée.

Parecia-me que a colheita promettia muito.

Il m'a semblé que la récolte promettait beaucoup.

Não se enganou, este anno será muito bom.

Vous ne vous êtes pas trompé, l'année sera très-bonne.

Olhe estas espigas, como são grossas e muito cheias.

Regardez ces épis, comme ils sont gros et bien remplis.

Os seus ceifeiros trabalhão com muita actividade.

Vos moissonneurs travaillent avec beaucoup d'activité.

He este o momento

C'est que voilà pour

mais favoravel do dia para elles.

eux le moment le plus favorable de la journée.

O sol não tardará a opprimilos com o seu ardor.

Le soleil ne tardera pas en effet à les accabler de ses feux.

Assentemo-nos aqui, para gozar do espectaculo que se offerece á nossa vista.

Asseyons-nous ici, pour jouir du spectacle qui s'offre à notre vue.

Não são ainda dez horas, e he já o calor grande.

Il n'est pas encore dix heures, et la chaleur est déjà très-grande.

Não faz o menor vento.

Il ne fait pas le moindre air.

Compadeço-me dos lavradores, elles devem soffrer muito durante as suas occupações.

Je plains l'homme de la campagne, il doit bien souffrir pendant ses travaux.

Bem depressa as vão interromper, para voltarem a ellas logo que o calor seja menor.

Il va bientôt les interrompre, pour ne les reprendre que lorsque la chaleur sera moins forte.

Será então que soffrerão mais; por que a terra, achando-se esquentada durante algu-

Ce sera alors qu'il souffrira le plus; car la terre, brûlée pendant quelques heures par les

mas horas pelos raios do sol, espargerá hum calor insupportavel.

rayons du soleil, répandra une chaleur insupportable.

São horas de hir almoçar; vamos pelo caminho sombrio que cerca o prado.

Il est temps d'aller déjeuner; retournons-nous-en par le chemin couvert qui borde la prairie.

Este caminho he muito agradavel, as grandes arvores que o assombrão o preservão dos raios do sol.

Ce chemin est fort agréable, les grands arbres qui l'ombragent mettent à l'abri des rayons du soleil.

O ar fresco que se respira he delicioso.

On respire une fraîcheur délicieuse.

Sente Vm. o cheiro desses medões de feno novamente recolhido.

Sentez-vous l'odeur que répandent ces meules de foin nouvellement récolté.

O ar está perfumado.

L'air en est parfumé.

Muito me tarda o fim da colheita; quereria fazer huma viagem nos paizes do Norte.

Il me tarde que la moisson soit finie; je voudrais faire un voyage dans les pays du Nord.

Não poderia escolher huma estação mais favoravel.

Vous ne pouvez pas choisir une saison plus favorable.

Desejo ver a Allema-

J'ai envie de visiter

nha, a Polonia, a Russia, a Suecia, e vir por Inglaterra.

l'Allemagne, la Pologne, la Russie et la Suède, et de m'en revenir par l'Angleterre.

Será viagem muito agradavel.

Ce voyage sera fort agréable.

Se quizer accompanhar-me, viajaremos a bolsa commua.

Si vous voulez être de la partie, nous voyagerons à frais communs.

Aceito de boa vontade, não tem mais do que prevenir-me quinze dias antes da epoca que fixará para a partida.

J'accepte volontiers; vous n'aurez qu'à me prévenir quinze jours avant l'époque que vous aurez fixée pour votre départ.

DIALOGO L. — DIALOGUE L.

O Outono. — L'Automne.

Temos hum bello dia de outono, o nevoeiro se dissipa, e o sol não tardará a apparecer.

Voilà une belle journée d'automne, le brouillard se dissipe, et le soleil ne tardera pas à paraître.

Poderemos dar hum passeio.	*Nous pourrons aller faire un tour de promenade.*
Com gosto o farei.	*Ce sera avec plaisir.*
Não ha cousa mais agradavel do que o passeio nesta estação.	*Rien de plus agréable que la promenade dans cette saison.*
Não faz calor nem frio.	*Il ne fait ni trop chaud ni trop froid.*
A verdura talvez não seja tão agradavel como na primavera, mas bem se fica recompensado com a vista dos frutos maduros.	*La verdure n'est peut-être pas aussi belle que dans le printemps, mais on en est bien dédommagé par la vue des fruits arrivés à leur maturité.*
Está-se na força da vindima.	*On est en pleine vendange.*
Nada ha mais divertido do que as vinhas neste tempo.	*Rien n'est plus gai que le vignoble dans ce moment-ci.*
Por todas as partes se vê huma incrivel actividade.	*On voit de tous côtés une activité incroyable.*
Ouve-se de tódos os lados o som dos gritos alegres de huma laboriosa povoação que recolhe o producto dos seus trabalhos.	*L'air retentit des cris d'allégresse d'une population laborieuse qui recueille la récompense de ses travaux.*

Hoje se vendima na ɔrção de vinha que se ːha sobre este outeiro borda do rio.	*On vendange aujourd'hui dans la pièce de vignes qui est sur ce coteau au bord de la rivière.*
Dirijamo-nos desse la- ɔ, e assentando-nos de- ıixo da ramada que ıtá no cume do ou- ːiro gozaremos de hum ːlicioso espectaculo.	*Dirigeons nos pas de ce côté-là, nous nous assiérons sous la tonnelle qui est au sommet du coteau, et nous jouirons d'un spectacle délicieux.*
Que vista magnifica!	*Quelle vue magnifique!*
Ós olhos avistão com ıtisfacção, hum paiz em cultivado coberto os productos da natu- ːza.	*L'œil parcourt avec plaisir un pays bien cultivé couvert des productions de la nature.*
Esta situação he muito ıvoravel para a cul- ıra da vinha, Vm. deve ızer hum vinho excel- ːnte.	*Cette situation est très-favorable à la culture de la vigne, vous devez récolter du vin excellent.*
Eu lho darei a provar, oderá conhecelo.	*Je vous en ferai goûter, vous le jugerez vous-même.*
Parece que a colheita erá este anno muito bundante.	*Il paraît que la récolte sera très-abondante cette année.*

Tambem o vinho será muito bom.
Le vin sera aussi très-bon.

Se quizer, poderemos hir ver o lagar.
Nous pouvons, si vous voulez, aller jeter un coup-d'œil dans le pressoir.

Aqui está huma porção de vinha que ainda não foi vendimada.
Voilà une pièce de vignes qui n'est pas vendangée.

Tem tanto fruto que a penas se vem as folhas.
Il y a tant de fruits qu'on voit à peine les feuilles.

São uvas brancas.
C'est du raisin blanc.

Vendima-se mais tarde.
La récolte s'en fait plus tard.

Facilmente se conhece que nos aproximamos do lagar.
Il est facile de s'apercevoir que nous approchons du pressoir.

O ar se acha cheio dos vapores que exhala o vinho em fermentacão nas cubas.
L'air est rempli de la vapeur qui s'exhale des cuves de vin en fermentation.

Esta cuba está cheia das uvas que se vão pizar.
Cette cuve est pleine de raisins qu'on va fouler.

Esta outra a despejão, levando o bagaço ao lagar para ser espremido.
En voici une autre qu'on vide ; on porte le raisin sur le pressoir.

Vamos descansar em quanto se estende o ba-
Allons nous reposer pendant qu'on va éten-

gaço debaixo do lagar; voltaremos para ver fazer o vinho.

dre le marc sur le pressoir; nous reviendrons pour voir faire le vin.

DIALOGO LI.

O Inverno.

Bons dias, meu amigo; he possivel que esteja ao canto da chaminé, quando faz hum tão bom tempo!

Não ha duvida; creio ser o melhor lugar que se possa occupar no inverno.

Convenho nisso; porem havendo sol, creio não fará mal o exercicio; assaz se fica em casa quando neve ou faz regelo.

O bom tempo he sem duvida preferivel em

DIALOGUE LI.

L'Hiver.

Bonjour, mon ami; comment, vous gardez le coin du feu pendant qu'il fait un si beau temps!

Oui, sans doute; je crois que c'est la meilleure place qu'on puisse occuper en hiver.

J'en conviens; mais quand le soleil paraît, il n'y a pas de mal à prendre de l'exercice; c'est bien assez de rester dans sa chambre quand il neige ou qu'il fait du verglas.

Le beau temps est sans contredit préféra-

todas as estacões; porem não o vejo sem receio no inverno, por ser sempre accompanhado de augmento de frio.	*ble dans toutes les saisons; je ne le vois pourtant pas sans crainte en hiver, parce qu'il est toujours accompagné d'un redoublement de froid.*
Vinha com a tencão de lhe propôr o fazer hum passeio em carro de rojo sobre o canal. O tempo não pode ser mais favoravel; ha muitos annos que não tem geado com tanta força.	*Je venais vous proposer une partie de promenade en traîneau sur le canal. On ne peut pas avoir un temps plus favorable; il n'a pas encore gelé si fort depuis plusieurs années.*
Terei muito gosto em o accompanhar, com tanto que o passeio não seja dilatado.	*Je me ferai un plaisir de vous accompagner, pourvu que la promenade ne soit pas très-longue.*
Não nos demoraremos mais do que o tempo que quizer.	*Nous ne resterons qu'autant que vous voudrez.*
Vendo-o, se creria que não faz frio; não está muito enroupado.	*A vous voir, on croirait qu'il ne fait pas froid; vous n'êtes presque pas couvert.*
Nunca me enroupo mais; não posso supportar o peso e o em-	*Je ne suis jamais plus couvert que cela; je ne peux pas endurer*

baraço da muita roupa.

sur moi une grande quantité de vêtemens.

Eu sou como Vm. estando em casa; porem sahindo tenho o maior cuidado em preservarme do frio.

Je suis de même que vous dans la chambre; mais au-dehors je me garantis du froid avec soin.

Em caminhando nunca sinto frio, e quando vou em carruagem, me embrulho dos pés á cabeça em hum grande capote.

Je ne sens jamais le froid quand je marche, et quand je vais en voiture, je m'enveloppe de la tête aux pieds dans une grande capote.

Estou prompto, podemos partir quando quizer.

Je suis prêt, nous pouvons partir quand vous voudrez.

Haverá muita gente a resvelar; não se tentaria a experimentalo?

Il doit y avoir bien du monde à patiner; ne serez-vous pas tenté de vous essayer?

Não o creio, não me agrada esse exercicio.

Je ne le crois pas, je n'aime pas cet exercice.

Não ha hoje que temer, porque o gelo estará forte.

Il n'y a rien à craindre aujourd'hui, la glace doit être très-forte.

Pode bem ser, mas nem por isso se arrisca menos de a cada instante

Cela peut être vrai, mais on n'en risque pas moins de se fendre la

se poder quebrar a cabeça.	*tête à chaque instant.*
Gosto muito de ver resvelar, ainda que estou sempre com o susto de ver alguma desgraça.	*J'aime beaucoup à voir patiner, quoique je sois toujours dans la crainte d'être témoin de quelque accident.*
Veja este resvelador; com que presteza atravessa o canal!	*Voyez ce patineur; avec quelle vitesse il traverse le canal!*
Elle derruba todo o que encontra.	*Il renverse tout sur son passage.*
Não lhe parece termos feito hum passeio assaz longo?	*Ne trouvez-vous pas que nous ayons fait une assez longue promenade?*
Quando quizer voltaremos.	*Nous nous en retournerons quand vous voudrez.*
Nada mais desejo; ainda que bem coberto, não deixo de esfriar-me.	*Je ne demande pas mieux; j'ai beau être couvert, je commence à avoir froid.*

DIALOGO LII.

Para Alugar ou Comprar huma Casa de campo.

Senhor, Vm. fez annunciar huma casa de ampo para alugar ou ender, eu venho pedirie os necessarios infornes, para saber se ella ie pode convir.

Estou prompto a darhos.

Eu desejaria ter huma uinta em hum sitio audavel, commodaiente distribuida, que ão fosse muito distante a cidade, e que tivesse lgumas dependencias.

Não poderá encontrar melhor quinta do ue a de que se trata.

Ella he situada a tres egoas da cidade, no leclive de hum outeiro

DIALOGUE LII.

Pour Louer ou Acheter une Maison de campagne.

Monsieur, vous avez fait annoncer une maison de campagne à louer ou à vendre, je viens vous demander les renseignemens nécessaires pour savoir si elle me conviendra.

Je suis prêt à vous les donner.

Je désirerais avoir une maison en bon air, commodément distribuée, qui ne fût pas très-éloignée de la ville, et qui eût quelques dépendances.

Vous ne pouvez pas mieux trouver que la maison dont il s'agit.

Elle est située à trois lieues de la ville, sur la pente d'un coteau

coberto de vinhas, perto de hum rio de muita pesca que rega bosques e prados da sua dependencia.

couvert de vignes, auprès d'une rivière poissonneuse qui arrose des bois et des prairies qui en dépendent.

O caminho para hir a ella he bom?

Le chemin qui y conduit est-il beau?

O melhor possivel; he huma grande estrada muito frequentada.

Il est très-beau; c'est une grande route très-fréquentée.

Alem do que, ha a satisfação de a toda hora se acharem carruagens para hir a ella, e receber todos os dias cartas pelo correio.

On a en outre l'agrément de trouver à toute heure des voitures pour y aller, et de recevoir tous les jours les lettres venant par la poste.

Tem pomar e horta?

Y a-t-il un verger et un potager?

Sim, Senhor; e tem igualmente hum bom jardim á ingleza, cercado de muros, revestidos de arvores que dão muita fruta.

Oui, monsieur; il y a aussi un très-beau jardin anglais, entouré de murs garnis d'arbres qui rapportent beaucoup de fruits.

Poderá Vm. indicar-me o como a casa he distribuida?

Pourriez-vous me faire le détail des parties de la maison?

Ella consiste em hum principal edificio, quasi

Elle consiste en un principal corps de bâ-

novo, feito de cantaria, e composto de hum vestibulo, sala de entrada, sala de visitas, varias salas de dormir, quartos de criados, hum celeiro, cozinha e copa.

timent, presque neuf, construit en pierres de taille, et composé d'un vestibule, d'une salle, d'un salon, de plusieurs chambres à coucher de maîtres et de domestiques, d'un grenier, d'une cuisine et d'une office.

Por baixo se achão bellas adegas subterraneas e huma neveira abertas na rocha.

Sous ce bâtiment sont de belles caves et une glacière taillées dans le roc.

Do lado do sul, a vista se estende, na distancia de algumas legoas, sobre as campinas que bordão o rio.

Du côté du midi, la vue s'étend sur tout le paysage qui borde la rivière, jusqu'à la distance de plusieurs lieues.

Do lado do norte, se acha o pateo de entrada, cercado de muros, com huma porta de ferro de fronte de hum bello caminho que vai terminar na estrada.

Du côté du nord est la cour d'entrée, fermée de murs, ouvrant par une grille de fer sur une belle avenue qui aboutit à la grande route.

Em outro pateo se achão as casas do jardi-

Dans une autre cour se trouvent le logement

neiro e vinhateiro, assim como a queijaria, as estrebarias e cocheiras; e hum pouco mais distante o pateo das aves e o pombal.

du jardinier et celui du vigneron, avec la laiterie, les écuries et les remises; et plus loin, la basse-cour et le colombier.

O laranjal e o lagar, expostos ao sul, estão junto da casa; e no espaço que se acha entre a casa e o rio se elevão, como amphitheatro, alguns formosos socalcos guarnecidos de laranjeiras, romeiras e outras arvores.

L'orangerie et le pressoir sont au pied de la maison, à l'exposition du midi; et dans l'espace qui est entre la maison et la rivière s'élèvent en amphithéâtre plusieurs belles terrasses garnies d'orangers, de grenadiers et de beaucoup d'autres arbres.

As salas forão preparadas de novo, ornadas de espelhos e moveis de gosto.

Les appartemens sont nouvellement décorés, ornés de glaces et meublés avec goût.

Isso me convirá muito bem.

Cela m'accommodera très-bien.

Poder-se ha ter sempre pão fresco e carne do açougue?

Est-il facile d'avoir toujours du pain frais et de la viande de boucherie?

Todo o de que se pre-

On peut se procurer

cisar se achará na aldea visinha, que está a hum quarto de legoa de distancia.

toute espèce de denrées au village voisin, qui n'est éloigné que d'un quart de lieue.

Os contornos são agradaveis?

Les environs sont-ils agréables?

Todos estão cheios de quintas e bellos passeios.

Le voisinage est rempli de maisons de campagne et de belles promenades.

Poderemos fixar hum dia para lá hirmos juntos e concordar sobre o preço.

Nous pouvons prendre un jour pour y aller ensemble et convenir du prix.

Sabado que vem estarei á sua disposição, quando não faça máo tempo, e neste caso Vm. fixará outro dia.

Je serai à votre disposition samedi prochain, à moins qu'il ne fasse mauvais temps; alors nous fixerons un autre jour.

Tenha a bondade de me esperar até as dez horas, eu o virei buscar com a minha carruagem.

Attendez-moi, s'il vous plaît, jusqu'à dix heures; je viendrai vous chercher avec ma voiture.

Pode contar commigo.

Vous pouvez compter sur moi.

DIALOGO LIII.

Para Comprar hum Cavallo.

Senhor, tem cavallos a vender?

Sim, Senhor, tenho alguns de raças diversas.

Quer Vm. hum cavallo barbaresco, hespanhol ou inglez?

Não quero cavallo de preço.

Tambem tenho cavallos ordinarios.

Hum desses me convirá melhor.

Preciso hum bom cavallo para cabriolé e sella.

Quer hum cavallo capado ou huma egoa?

Não; eu prefiro hum cavallo inteiro.

Vou-lhe mostrar hum que lhe convirá bem.

DIALOGUE LIII.

Pour Acheter un Cheval.

Monsieur, avez-vous des chevaux à vendre?

Oui, Monsieur, j'en ai plusieurs de races différentes.

Voulez-vous un cheval barbe, espagnol, anglais?

Je ne veux pas un cheval de luxe.

J'ai aussi des chevaux communs.

Un de ceux-là me conviendra mieux.

J'ai besoin d'un bon cheval pour aller au cabriolet et à la selle.

Voulez-vous un cheval hongre ou une jument?

Non; je préférerais un cheval entier.

Je vais vous en montrer un qui fera bien votre affaire.

Elle está nesta estrebaria. Espere-me ; vou-lho buscar sellado e enfreado, para que Vm. o experimente.

Il est dans cette écurie. Attendez-moi ; je vais vous l'amener sellé et bridé, pour que vous l'essayiez.

Eu posso entrar com Vm.

Je peux entrer avec vous.

Verei que vista tem na estrebaria.

Je verrai comment il se tient à l'écurie.

De boa vontade.

Très-volontiers.

Parece bem fatigado.

Il a l'air bien fatigué.

Tem a cabeça baixa.

Il a la tête basse.

Está magro.

Il est maigre.

Elle se sostem mal sobre as pernas.

Il se tient mal sur ses jambes.

Elle he mal lançado do pescoço.

Il a mauvaise encolure.

He ruço rodado ; essa côr não me agrada muito.

Il est gris-pommelé ; cette couleur ne me plaît pas beaucoup.

Aqui tem hum negro que talvez poderá melhor convir-lhe.

En voici un noir qui vous conviendra peut-être mieux.

Parece-me ter melhor apparencia.

Il me semble de meilleure apparence.

He hum muito bom cavallo.

C'est un très-beau cheval.

Vejamo-lo de perto ; tire-o da estrebaria.

Voyons-le de près ; sortez-le de l'écurie.

Elle tem as pernas grossas.	*Il a les jambes grosses.*
He elle seguro dos pés?	*A-t-il le pied sûr?*
Sim, Senhor; elle não tropeça.	*Oui, Monsieur; il ne bronche pas.*
Veja-lhe a cauda e a clina.	*Voyez sa queue, sa crinière.*
Como elle levanta as orelhas!	*Comme il dresse les oreilles!*
Vou montalo.	*Je vais le monter.*
Elle trota bem.	*Il va bien au trot.*
Elle não galopa bem.	*Il ne va pas bien au galop.*
Elle tem o andar pesado.	*Il a le pas un peu lourd.*
Parece-me espantadiço.	*Il paraît qu'il est ombrageux.*
Não o creio, elle está muito bem ensinado; Vm. pode experimentalo.	*Je vous demande pardon, il est très-bien dressé; vous pouvez en faire l'épreuve.*
Eu lho affianço sem defeito.	*Je vous le garantis sans défaut.*
Nesse caso poderemonos arranjar, se Vm. for racionavel no preço.	*Dans ce cas, je pourrai m'en arranger, si vous êtes raisonnable pour le prix.*
Por quanto o quer vender?	*Combien voulez-vous le vendre?*

Quero seiscentos francos.

He muito caro; não lhe darei mais de quinhentos francos.

Não nos ajustaremos a esse preço.

Não lhe quero dar mais; porem se ficar satisfeito, não será a ultima vez que trataremos.

Dentro em pouco tempo terei necessidade de dous bons cavallos emparelhados, para a carruagem, e de hum cavallo de serviço.

Em consideração disso, eu me satisfarei com hum pequeno ganho neste primeiro mercado.

De que côr quererá os seus cavallos de carruagem?

A côr me he indifferente, com tanto que elles sejão bem emparé-

Je veux en avoir six cents francs.

C'est trop cher; je ne vous en donnerai que cinq cents francs.

Je ne peux pas vous en arranger à ce prix.

Je ne veux pas y mettre davantage; mais si je suis content, ce ne sera pas la dernière affaire que nous ferons ensemble.

J'aurai besoin dans quelque temps de deux beaux chevaux appariés, pour le carrosse, et d'un cheval de fatigue.

A cette considération, je consens à ne gagner avec vous que très-peu de chose sur le premier marché.

De quelle couleur voulez-vous avoir vos chevaux de carrosse?

La couleur ne me fait rien, pourvu qu'ils soient bien appariés

lhados e bem ensinados; com todo gostaria mais fossem alazões ou baios escuros.

et bien dressés ; cependant je les aimerais mieux alezans ou bai-bruns.

Se encontro o que lhe convem, lhe farei aviso.

Si je trouve ce qui vous convient, je vous en donnerai avis.

Dar-me ha gosto.

Vous me ferez plaisir.

DIALOGO LIV.

Para Comprar huma Carruagem.

DIALOGUE LIV.

Pour Acheter une Voiture.

Eu desejaria comprar huma boa e bella carruagem.

Je voudrais acheter une belle et bonne voiture.

Quer Vm. huma carruagem á ingleza, huma sege de posta, huma berlinda, huma diligencia, etc. ?

Voulez-vous une voiture à l'anglaise, une chaise de poste, une calèche, une berline, une diligence, etc. ?

Desejaria huma carruagem de viagem com quatro lugares, muito leve e muito commoda.

Je voudrais avoir une voiture de voyage à quatre places, bien légère et bien commode.

Aqui está huma bem

En voici une bien so-

solida e de forma bonita, que lhe convirá perfeitamente.

lide et d'une jolie forme, qui vous conviendra parfaitement.

Ella he bem suspensa e facil a rodar.

Elle est bien suspendue et très-roulante.

Parece-me muito baixa.

Elle me paraît bien basse.

He a ultima moda; alem disso será menos em risco de virar-se.

C'est la dernière mode; d'ailleurs cela fait qu'elle est moins sujette à verser.

Abra a portinhola, para que a veja por dentro.

Ouvrez la portière, que je la regarde en dedans.

Entre, a estribeira está em baixo.

Entrez, le marchepied est baissé.

Vm. vê que he completamente forrada de panno fino.

Vous voyez qu'elle est entièrement doublée en drap fin.

Ella está guarnecida de vidros, gelosias e cortinas.

Elle est garnie de glaces, de jalousies et de stores.

Ella tem igualmente huma cavidade e bolsos, huma rede para os chapeos, e huma caixa para os guarda-chuvas, bengalas, etc.

Il y a aussi une cave, des poches, un filet pour les chapeaux, et un tambour pour mettre les parapluies, les cannes, etc.

Pode-se lhe pôr hum bahú na trazeira e huma

On peut placer une malle derrière et une

vaqueta sobre o tegadilho.	*vache sur l'impériale.*
Por quanto a quer vender?	*Combien voulez vous la vendre?*
Não a posso dar por menos de....	*Je ne peux pas la donner à moins de....*
He carissima, não a poderei comprar a hum tal preço.	*C'est extrêmement cher; je ne peux pas y mettre un prix aussi élevé.*
Será difficil que encontre outra como ella pelo mesmo preço.	*Il vous sera impossible d'en trouver une semblable à ce prix.*
Eu tenho huma de acaso igualmente commoda e quasi nova, que lhe darei mais barata, por já não ser da moda.	*J'en ai une de hasard aussi commode et presque neuve, que je vous passerai à meilleur marché, parce qu'elle n'est plus de mode.*
Deixe-ma ver.	*Faites-la-moi voir.*
He de hum feitio gothico.	*Elle est d'une forme gothique.*
As estribeiras estão mal postas.	*Les marchepieds sont mal placés.*
A não ser assim, eu lha venderia mais cara; por que he muito solida, e quasi não tem servido.	*Si elle n'était pas ainsi, je vous la vendrais beaucoup plus cher; car elle est très-solide, et n'a presque pas servi.*

Vm. vê que o eixo e o jogo são bons, e que as rodas se achão no melhor estado.	*Vous voyez que l'essieu et le train sont très-bons, et que les roues sont dans le meilleur état.*
O interior he absolutamente novo, e as portinholas fechão bem.	*L'intérieur est absolument neuf, et les portières ferment bien.*
Será preciso pintar a caixa de novo; não gosto desta côr.	*Il faudra repeindre la caisse; je n'aime pas cette couleur.*
Que côr quer Vm.?	*Quelle couleur voulez-vous?*
Huma côr da moda.	*Une couleur à la mode.*
Pintar-lha hei de verde, e lhe fornecerei os arreios, as lanternas, vaqueta e bahú.	*Je vous la peindrai en vert, et je vous fournirai les harnois, les lanternes, la vache et la malle.*
Tenho hum carrinho coberto de que me quereria desfazer; se mo quer tomar em troco, lhe pagarei de contado o retorno que ajustaremos.	*J'ai un cabriolet dont je veux me défaire; si vous voulez me le prendre en échange, je vous paierai comptant le retour que nous fixerons.*
Isso pode se fazer.	*Cela peut se faire.*
Hirei ver o seu carrinho coberto, e concluiremos o ajuste.	*J'irai voir votre cabriolet, et nous terminerons le marché.*

DIALOGO LV.

Para Alugar hum Cocheiro e hum Jockey.

Sabe bem dirigir e pensar os cavallos?

Sim, Senhor; ha já vinte annos que sirvo, e meus amos sempre forão contentes do meu serviço.

Quem foi o vosso ultimo amo?

O S.r N.; e somente o deixei por elle ter tenção de viajar, e eu naõ poder accompanhalo em paiz estrangeiro,

Quantos annos tem?

Quarenta annos.

He casado?

Sim, Senhor.

Vossa mulher tem alguma occupação?

Sim, Senhor; ella tem huma tenda.

DIALOGUE LV.

Pour Louer un Cocher et un Jockey.

Savez-vous bien conduire les chevaux et les panser?

Oui, Monsieur; voilà vingt ans que je suis domestique, et mes maîtres ont toujours été contens de mes services.

Quel était votre dernier maître?

C'était M. N.; je ne l'ai quitté que parce qu'il est dans l'intention de voyager, et que je ne peux pas le suivre en pays étranger.

Quel âge avez-vous?

J'ai quarante ans.

Êtes-vous marié?

Oui, Monsieur.

Votre femme a-t-elle un état?

Oui, Monsieur; elle tient une boutique.

Tem muitos filhos?	*Avez-vous beaucoup d'enfans?*
Não, Senhor; eu só tenho hum rapaz de idade de doze annos, que desejaria empregar.	*Non, Monsieur; je n'ai qu'un garçon qui a douze ans, et que je voudrais bien placer.*
Elle sabe escrever? pode elle fazer os recados?	*Sait-il lire? peut-il faire les commissions?*
Sim, Senhor; elle tem muita intelligencia.	*Oui, Monsieur; il a beaucoup d'intelligence.*
Eu o tomarei tambem ao meu serviço.	*Je le prendrai aussi à mon service.*
Quanto pretende de salario por si e seu filho?	*Combien demandez-vous de gages pour vous et pour votre fils?*
O S.r N. me dava tres francos por dia e muitos outros interesses; eu comia a minha custa.	*M. N. me donnait trois francs par jour et beaucoup de profits; je me nourrissais moi-même.*
Dar-lhe hei quatro francos por dia por si e seu filho, e se sustentarão a sua custa.	*Je vous donnerai quatre francs par jour pour vous et votre fils, et vous vous nourrirez.*
Advirto-o que eu pretendo a maior exactidão no seu serviço.	*Je vous avertis que j'exige la plus grande exactitude dans le service.*

Quero que os meus cavallos sejão bem tratados, que as minhas carruagens sejão conservadas e entretidas com o maior aceio.

Je veux que mes chevaux soient bien soignés, que mes voitures soient entretenues avec beaucoup de propreté.

Espero, Senhor, que não deixará de contentar-se do modo com que satisfarei os meus deveres.

J'espère, Monsieur, que vous n'aurez qu'à vous louer de la manière dont je remplirai mes devoirs.

Se o seu serviço me satisfizer, eu lhe prometto que alem da soldada terá huma boa gratificação.

Si je suis satisfait de vos services, je vous promets, outre vos gages, une bonne gratification.

DIALOGO LVI. / DIALOGUE LVI.

Para Ajustar hum Criado. / Pour Louer un Domestique.

Senhor, disserão-me que Vm. precisava de hum criado.

Monsieur, on m'a dit que vous aviez besoin d'un domestique.

He verdade.

Cela est vrai.

Quem o manda aqui?

Qui vous a adressé à moi?

O Senhor A. a quem fui recommendado.	*C'est M. A., à qui j'ai été recommandé.*
Conheço muito bem o S.r A., e com a sua recommendação não hesitarei de tomalo ao meu serviço, se reune em si as qualidades que desejo.	*Je connais beaucoup M. A., et, sur sa recommandation, je n'hésiterai point à vous prendre à mon service, si vous réunissez les qualités que je désire.*
Já tem viajado?	*Avez-vous déjà voyagé?*
Sim, Senhor; fui a Russia, a Allemanha, Inglaterra, Italia, Hespanha e Portugal.	*Oui, Monsieur; j'ai voyagé en Russie, en Allemagne, en Angleterre, en Italie, en Espagne et en Portugal.*
Qual he a sua terra?	*De quel pays êtes-vous?*
Sou Allemão.	*Je suis Allemand.*
Que idade tem?	*Quel âge avez-vous?*
Trinta e seis annos.	*J'ai trente-six ans.*
He casado?	*Êtes-vous marié?*
Não, Senhor.	*Non, Monsieur.*
Ha já muito tempo que está em França?	*Y a-t-il long-temps que vous êtes en France?*
Haverá dous mezes.	*Il y a deux mois.*
Conhece o serviço dos quartos?	*Savez-vous faire le service de la chambre?*
Sim, Senhor; eu sei	*Oui, Monsieur; je*

tambem tratar hum cavallo e conduzir a carruagem.	*sais aussi soigner un cheval et conduire la voiture.*
Monta a cavallo?	*Montez-vous à cheval?*
Sim, Senhor; mesmo corro bem a posta.	*Oui, Monsieur; je cours même bien la poste.*
Sabe escrever?	*Savez-vous écrire?*
Sim, Senhor; entendo igualmente varias linguas.	*Oui, Monsieur; je puis aussi me faire entendre dans plusieurs langues.*
Isso he bom; pode ser-me muito util nas diversas viagens que estou a ponto de enterprender.	*C'est bon; vous pourrez m'être très-utile dans les différens voyages que je suis sur le point d'entreprendre.*
Conheço tambem perfeitamente as moedas, pesos e medidas dos paizes em que viajei.	*Je connais aussi très-bien les monnaies, les poids et les mesures des pays que j'ai parcourus.*
Vossé se encarregará da despeza; porem advirto-o que não quero contas compridas.	*Vous serez chargé de la dépense; mais je vous préviens que je ne veux point de longs mémoires.*
Todos os dias me dará a nota especificada de	*Vous me donnerez tous les jours la note*

todo o que tiver desembolsado por mim, o que logo pagarei.

détaillée de ce que vous aurez déboursé pour moi, et je vous paierai sur-le-champ.

Quanto pretende de soldada?

Combien demandez-vous de gages?

Sempre ganhei quinhentos francos por anno e o sustento.

J'ai toujours gagné cinq cents francs par an et la nourriture.

Dar-lhe hei o mesmo preço.

Je vous donnerai le même prix.

Temos ajustado, pode hir buscar o seu fato, e desde á manhãa principiará a vencer a soldada.

Voilà qui est convenu, vous pouvez aller chercher votre paquet: vos gages commenceront à courir de demain.

DIALOGO LVII.

DIALOGUE LVII.

Para Ajustar huma Criada.

Pour Louer une Domestique.

Senhora, venho offerecer-lhe o meu prestimo, para delle se poder servir.

Madame, je viens vous offrir mes services.

Ha já muito tempo que serve?	*Y a-t-il long-temps que vous êtes en condition?*
Haverá dez annos.	*Il y a dix ans.*
He natural deste paiz?	*Êtes-vous de ce pays-ci?*
Não minha Senhora, eu sou da provincia.	*Non, Madame, je suis de la province.*
Tem servido em muitas casas em Paris?	*Avez-vous servi dans plusieurs maisons à Paris?*
Não minha Senhora, não ha mais de dous annos que estou em Paris, e somente servi na casa de que venho de sahir.	*Non, Madame; il n'y a que deux ans que je suis à Paris, et je n'ai servi que dans la maison d'où je sors.*
De que casa sahe?	*De chez qui sortez-vous?*
Da da Senhora A.	*Je sors de chez Madame A.*
He muito boa casa, por que a deixou?	*C'est une fort bonne maison, pourquoi la quittez-vous?*
Deixei-a bem a meu pezar, e se dependesse de mim, nella ficaria.	*Je la quitte à regret, et si cela dépendait de moi, j'y resterais.*
Qual pode ser a razão da sua sahida?	*Quelle peut donc être la raison de votre sortie?*

Tendo a Senhora A. supportado graves perdas, se vê obrigada a reformar a sua casa, e como eu sou a mais moderna das suas criadas, ella me disse de procurar outro commodo, concedendo-me todo o tempo que for necessario para achar huma boa casa.

Madame A. ayant éprouvé des pertes très-grandes, se voit obligée de mettre la réforme dans sa maison, et comme je suis la moins ancienne de ses domestiques, elle m'a dit de chercher une autre condition, en me donnant tout le temps nécessaire pour trouver une bonne maison.

Desse modo não he por descontentamento que ella vos despedio.

Ainsi, ce n'est point par mécontentement qu'elle vous renvoie.

Eu lho affirmo, e pode dirigir-se a ella para receber a meu respeito os informes que poderá desejar.

Je puis vous l'assurer, et vous adresser à elle avec confiance pour prendre sur moi les renseignemens que vous désirerez.

Isso basta; receio porem que depois de ter estado em huma casa tão opulenta como a da Senhora A. não possa convir-me, por me ser preciso huma criada que

Cela suffit; mais je crains bien qu'après avoir été dans une maison aussi forte que celle de Madame A., vous ne puissiez pas faire mon affaire, parce

seja instruida em todo o que he relativo ao governo domestico.

qu'il me faut une domestique qui soit au fait de tous les détails du ménage.

Permitta-me o dizerlhe que antes de entrar ao serviço da Senhora A., tinha servido só em varias casas, e conheço bem o que he o governo domestico.

Je vous demande pardon; avant d'être chez Madame A., j'ai été seule domestique dans plusieurs maisons, et je connais la tenue d'un ménage.

Eu sei fazer a cozinha particular, e em caso de necessidade posso tambem substituir huma aia.

Je sais faire une cuisine bourgeoise; je peux aussi au besoin remplacer une femme de chambre.

Sabe diversos trabalhos de agulha?

Savez-vous faire différens ouvrages à l'aiguille?

Sim, minha Senhora; sei cozer, concertar meias, lavar a roupa branca e concertala, fazer meias, fiar, etc.

Oui, Madame; je sais coudre, raccommoder les bas, blanchir le linge et y faire les reprises, tricoter, filer, etc.

Gosta de meninos?

Aimez-vous les enfans?

Sim, minha Senhora, amo-os muito, e durante algum tempo me

Oui, Madame, je les aime beaucoup; j'ai été pendant quelque

occuparão no serviço delles.

temps bonne d'enfans.

Poderá bem me convir.

Vous ferez très-bien mon affaire.

Quanto pretende de ordenado?

Combien demandez-vous de gages?

Trezentos francos.

Trois cents francs.

He muito; porem com todo o não sentirei, se tem as habilidades que diz.

C'est beaucoup; néanmoins je ne les regretterai pas, si vous avez autant de talent que vous l'annoncez.

Espero obrar de modo que se não engane nas suas esperanças.

Je ferai en sorte de ne pas tromper votre attente.

Pode principiar a servir-me quando quizer.

Vous pouvez entrer chez moi quand vous voudrez.

DIALOGO LVIII. — DIALOGUE LVIII.

Dos Adornos. — De la Toilette.

Julia, dai-me as meias, o espartilho e o vestido.

Julie, donnez-moi mes bas, mon corset et ma robe.

Aqui estão, Senhora,

Madame, les voici,

sobre a cadeira que está junto á cama.	*sur la chaise qui est auprès du lit.*
Apertai-me o atacador.	*Lacez-moi.*
Vai muito depressa, o atacador está quebrado.	*Vous allez trop vite, le lacet est cassé.*
Não pode servir mais, he preciso pôr outro.	*Madame, il ne vaut plus rien, il faut en mettre un autre.*
Achareis hum na gaveta da minha commoda, do lado da janella.	*Vous en trouverez un dans le tiroir de ma commode, du côté de la croisée.*
Aonde estão as ligas?	*Où sont mes jarretières?*
Dai-me o penteador, os pentes e os alfinetes pretos.	*Donnez-moi mon peignoir, mes peignes, et les épingles noires.*
Aquecei o ferro dos papelotes.	*Faites chauffer le fer pour mes papillottes.*
Entrançai-me os cabellos, e dai-me o pente de tartaruga.	*Nattez mes cheveux, et donnez-moi mon peigne d'écaille.*
Trazei-me huma toalha de mãos e outra toalha mais.	*Apportez-moi un essuie-main et une serviette.*
Dai-me agoa na bacia, e bolo de amendoa para lavar as mãos.	*Donnez-moi de l'eau dans la cuvette, et de la pâte d'amande pour me laver les mains.*

Não tenho mais agoa para lavar a boca.	*Je n'ai plus d'eau pour me rincer la bouche.*
Aonde está a minha escova e os pós para os dentes?	*Où sont ma brosse et ma poudre pour les dents?*
Vede se o meu lenço do pescoço está direito por detraz.	*Voyez si ma guimpe est droite par-derrière.*
Ponde-lhe hum alfinete.	*Mettez-y une épingle.*
Não está bem pregado.	*Cela n'est pas bien attaché.*
Tome cautela, está-me picando.	*Prenez donc garde, vous me piquez.*
Ate-me a cintura, faça-lhe hum nó simples, hum nó dobrado, não aperte demasiado.	*Attachez ma ceinture, faites un nœud simple, un nœud double, ne serrez pas trop.*
Trazei-me o meu necessario, para tirar delle o meu agulheiro e o meu dedal.	*Donnez-moi mon nécessaire pour que j'y prenne mon étui et mon dé.*
Aonde estão as tesouras, a almofada dos alfinetes, a seda branca e as linhas?	*Où sont les ciseaux, la pelote aux épingles, la soie blanche et le fil?*
Tem hum passador?	*Avez-vous une aiguille à passer?*
Vou acabar o barrete	*Je vais achever le*

que principiei hontem.	*bonnet que j'ai commencé hier.*
No intanto, prepareme a golilha, e faça bem as pregas.	*Pendant ce temps-là, faites ma collerette, et plissez-la bien.*
Prepara todo o necessario para o meu adorno, para estar prompta quando se jantar.	*Préparez tout pour ma toilette, afin que je sois prête pour le dîner.*
Que vestido quererá Vm. hoje?	*Quelle robe prendrez-vous aujourd'hui?*
O de caça brodada.	*Ma robe de mousseline brodée.*
Calçarei os sapatos que trouxe hontem.	*Je prendrai les souliers que j'avais hier.*
Será necessario que leve ao ourives os meus brincos e pente de diamantes, por precisarem de algum concerto.	*Il faudra que vous portiez chez le joaillier mes pendans d'oreilles et mon peigne en brillans; il y a quelque chose à y faire.*
Mandará João á casa da costureira, e da modista: huma devia trazer-me hum vestido, e a outra hum chapeo, e nenhuma dellas veio, que lhes diga, as estou esperando com impaciencia.	*Vous enverrez Jean chez la couturière et chez la marchande de modes: l'une devait m'apporter une robe, et l'autre un chapeau, et elles ne sont venues ni l'une ni l'autre; faites-leur dire que je les attends avec impatience.*

DIALOGO LIX.

Com a Costureira.

Minha Senhora, trago-lhe o seu vestido de seda, e a sua saia de panninho.

Ah! he Vm., Senhora A., eu já com impaciencia a desejava ver, Vm. me fez muito esperar.

Se Vm. soubesse o muito que tenho a fazer, não me inculparia.

Eu me empenho em fazer bem todo o de que me occupo, e a contentar as minhas freguezas, por isso me he impossivel ser tão prompta como as outras.

Veja como isto está cozido, examine, eu lho supplico, estes pospontos.

Vou primeiramente provar a saia.

DIALOGUE LIX.

Avec la Couturière.

Madame, je vous apporte votre robe de soie, et votre jupon de perkale.

Ah! c'est vous, Mademoiselle A.; j'étais impatiente de vous voir, vous m'avez fait beaucoup attendre.

Si vous saviez combien je suis occupée, vous ne me feriez pas de reproches.

Je mets tant de soin à faire bien ce que je fais, et à contenter mes pratiques, qu'il m'est impossible d'aller aussi vite que beaucoup d'autres.

Regardez comme cela est cousu; examinez, je vous prie, ces arrière-points.

Je vais essayer d'abord le jupon.

Esta saia não tem bastante roda.	*Ce jupon n'a pas assez d'ampleur.*
A guarnição não está bem franzida.	*La garniture n'est pas bien plissée.*
Eu poderei reparar isso facilmente.	*Je pourrai réparer cela facilement.*
Prove o seu vestido.	*Essayez votre robe.*
Elle está muito curto.	*Elle est bien courte.*
Não se fazem de outro modo.	*On ne les fait pas autrement.*
As cavas dos braços são muito estreitas, ellas me opprimem muito, as mangas são muito largas.	*Les entournures sont trop étroites, elles me gênent beaucoup, les manches sont trop larges.*
Facilmente posso alargar as cavas, dous golpes de tesoura bastarão: eu apertarei tambem as mangas.	*Je peux aisément élargir les entournures, deux coups de ciseaux feront l'affaire; je rétrécirai aussi les manches.*
A cintura me parece hum pouco alta.	*La taille me semble un peu haute.*
Não pode ser de outra maneira, he a moda.	*Cela ne peut pas être autrement, c'est la mode.*
Não tem elle por baixo muita roda?	*N'y a-t-il pas trop d'ampleur par le bas?*
Effectivamente me enganei na largura, he	*En effet, je me suis trompée sur la largeur,*

isso que faz que as pregas não decahem com graça; eu lhe darei remedio.

c'est ce qui fait que les plis ne tombent pas avec grâce; j'y remédierai.

Não se demore muito tempo a trazer-me o vestido e a saia.

Ne soyez pas longtemps à me rapporter la robe et le jupon.

Prometto-lhe os terá esta manhãa.

Je vous promets que vous les aurez dans la matinée.

Ainda se trazem reguingotes?

Porte-t-on encore des redingotes?

Sim, Minha Senhora, e usão se tambem os spencers.

Oui, Madame, on porte aussi des spencers.

Qual he a côr mais de moda?

Quelle est la couleur à la mode?

Não ha côr dominante; trazem azul, verde ou roxo violeta.

Il n'y a pas de couleur dominante; on porte du bleu, du vert, du violet.

Eu lhe trarei, quando voltar, algumas amostras dos sortimentos dessas mesmas côres a que se parece dar a preferencia, e Vm. não terá mais do que a escolher.

Je vous apporterai, quand je reviendrai, quelques échantillons des nuances de ces différentes couleurs qu'on semble préférer; vous n'aurez qu'à choisir.

Dar-me ha nisso muito gosto.

Vous me ferez plaisir.

DIALOGO LX.

Com a Modista.

DIALOGUE LX.

Avec la Marchande de Modes.

Peço-lhe me perdoe por não ter vindo logo, como tinha promettido.

Je vous demande bien pardon de n'être pas venue aussitôt que je vous l'avais promis.

De boa vontade lhe perdoo, á condição de que será para a outra vez mais exacta.

Je vous pardonne volontiers, à condition que vous serez plus exacte une autre fois.

A exactidão me agrada muito; Vm. me tinha promettido de vir hontem pela manhãa, e não viria ainda hoje, se a não tivesse mandado chamar duas vezes.

J'aime beaucoup l'exactitude; vous m'aviez promis de venir hier matin, et vous ne seriez pas encore venue aujourd'hui, si je ne vous avais pas envoyé chercher deux fois.

Absolutamente me foi impossivel o vir hontem; o seu chapeo não estava prompto.

Il m'a été absolument impossible de venir hier; votre chapeau n'était pas prêt.

Ora vejamos esse chapeo que levou tanto tempo a fazer.

Voyons donc ce chapeau qui a été si long à se faire.

He bonito.	*Il est joli.*
Parece que a moda ão mudou; continuão- a fazer os chapeos de rma alta.	*Il paraît que la mode n'a pas changé; on fait toujours des chapeaux à haute forme.*
Sim, Senhora; a moda os chapeos á ingleza ão pegou.	*Oui, Madame; les chapeaux à l'anglaise n'ont pas pu prendre.*
Estas plumas são for- osas e bem crespas.	*Ces plumes sont très-belles et bien frisées.*
Usão-se ainda as tou- as de veludo preto?	*Porte-t-on toujours des toques en velours noir?*
A moda principia a minuir.	*La mode commence à s'en passer.*
Os chapeos côr de sa estão muito em oga.	*On porte beaucoup de chapeaux couleur de rose.*
Tambem se vem cha- eos de palha liza, com ifos de lilaz.	*On voit aussi des chapeaux de paille unie, avec des touffes de lilas.*
Esta ultima forma de hapeos me agrada bas- nte; pode fazer-me um para o principio da mana que vem?	*Cette dernière espèce de chapeaux me plaît assez; pouvez-vous m'en faire un pour le commencement de la semaine prochaine?*
Não lho posso promet- er, farei porem quanto	*Je ne pourrais pas vous le promettre, mais*

me for possivel para satisfazer a Vm.

je ferai ce qui dépendra de moi pour vous satisfaire.

Se lho promettesse para hum dia certo, eu a enganaria, e Vm. me accusaria outra vez de falta de exactidão.

Si je fixais un jour, je vous induirais en erreur, et vous m'accuseriez encore d'inexactitude.

As floristas se achão tão occupadas, que não servem com a promptidão que se deseja.

Les fleuristes sont si surchargées d'ouvrage, qu'on n'est pas servi aussi promptement qu'on le désirerait.

Se Vm. não tem muita pressa em ter este chapeo, conceda-me mais tempo.

Si vous n'êtes pas très-pressée d'avoir votre chapeau, donnez-moi plus de temps.

Não posso dar-lhe mais do que até o fim da semana que vem.

Je ne peux vous accorder que la semaine prochaine en entier.

Isso me basta; tenha a certeza que não faltarei á minha palavra.

Cela suffit; soyez assurée que je ne vous manquerai pas de parole.

FIM DA SEGUNDA PARTE.

FIN DE LA SECONDE PARTIE.

TERCEIRA PARTE.

TROISIÈME PARTIE.

IDIOTISMOS,

EXPRESSÕES FAMILIARES E PROVERBIOS.

IDIOTISMES,

EXPRESSIONS FAMILIÈRES ET PROVERBES.

NÃO sei o que hei de 'azer.

A necessidade não :em lei.

Elle cahio de focinhos ɔa terra.

Dar de narizes a alguem.

Não anteve de longe.

JE ne sais sur quel pied danser.

La nécessité ne connaît pas de loi.

Il a donné du nez en terre.

Rencontrer quelqu'un nez à nez.

Il ne voit pas plus loin que son nez.

Pouco a pouco o passaro faz seu ninho.	*Petit à petit l'oiseau fait son nid.*
Elle crê ter logrado a occasião.	*Il croit avoir trouvé la pie au nid.*
Estou como cahido do ceo.	*Je suis comme tombé des nues.*
Conseguio seu perdão.	*Il a obtenu sa grâce.*
Mais vem quatro olhos que dous.	*Quatre yeux voient mieux que deux.*
Elle he muito vigilante.	*Il a bon pied, bon œil.*
Tantas cabeças, tantas opiniões.	*Autant de têtes, autant d'opinions.*
Ao inimigo ponte de ouro.	*Il faut faire un pont d'or à ses ennemis.*
Entra-me por hum ouvido e por outro me sahe.	*Ce qui m'entre par une oreille me sort par l'autre.*
As paredes tem ouvidos.	*Les murs ont des oreilles.*
Está na espinha.	*Il n'a que la peau sur les os.*
Não se atreverá a dizer palavra.	*Il n'osera pas dire un mot.*
Quem bem ama tarde esquece.	*Qui aime bien n'oublie pas.*
Fallou com o coração nas mãos.	*Il a parlé à cœur ouvert.*

Eu lhe emprestei dinheiro.	*Je lui ai ouvert ma bourse.*
Paguei as custas.	*J'ai payé les pots cassés.*
Não se paga de razão.	*Il ne se paye pas de raison.*
Morrerá moço.	*Il ne fera pas de vieux os.*
Obedece de má vontade.	*Il se fait tirer l'oreille.*
Vale o que pesa.	*Il vaut son pesant d'or.*
Está abastado.	*Il nage en grande eau.*
Ninguem vê a tranca no seu olho, e vê a palha no alheo.	*On voit une paille dans l'œil de son voisin, et l'on ne voit pas une poutre dans le sien.*
De huma vista de olhos.	*D'un coup d'œil.*
Estou com o olho alerta.	*J'ai l'œil au guet.*
Zomba do que se dirá.	*Il se moque du qu'en dira-t-on.*
Elle tem boa opinião de si mesmo.	*Il a bonne opinion de lui-même.*
Todo o que luz não he ouro.	*Tout ce qui reluit n'est pas or.*
Elle tem bom aspecto.	*Il paye de mine.*

Tiremos sortes com palhinhas.	*Tirons à la courte paille.*
Bem empregado está.	*C'est pain bénit.*
Paga-se tanto por cabeça.	*On paye tant par tête.*
Tem mil escudos cada anno.	*Il a mille écus par an.*
Elle tem parte no negocio.	*Il a part au gâteau.*
Eu o sei de boa boca.	*Je le sais de bonne part.*
Elle fez hum bom casamento.	*Il a trouvé un bon parti.*
Partirei daqui a duas horas.	*Je partirai dans deux heures.*
Conseguio o que desejava.	*Il est parvenu à ses fins.*
Não havia alguem.	*Il n'y avait pas une âme.*
Está no caminho de fazer fortuna.	*Il est en passe de faire fortune.*
Passemos a outras cousas.	*Passons à d'autres choses.*
Morreo como huma luz que se apaga.	*Il a passé comme une chandelle.*
Não poderia passar sem vinho.	*Il ne saurait se passer de vin.*
He boa massa de homem.	*C'est une bonne pâte d'homme.*

Tem as guelas ladrilhadas.	*Il a le gosier pavé.*
Não tem casa nem lar.	*Il n'a ni feu ni lieu.*
Pagar-se por suas mãos.	*Se payer par ses mains.*
Não merece o pão que come.	*Il ne vaut pas le pain qu'il mange.*
Expoem-se ao perigo.	*Il paye de sa personne.*
Pagarei na mesma moeda.	*Je paierai de la même monnaie.*
Paga com ingratidão.	*Il paye d'ingratitude.*
Ninguem he propheta na sua patria.	*Personne n'est prophète dans son pays.*
A pelle está mais perto que a camisa.	*La peau est plus près que la chemise.*
São contos de velhas.	*Ce sont des contes bleus.*
Isto me dá pezar.	*Cela me fait de la peine.*
Cuidai bem nisto.	*Pensez-y bien.*
Não veio para enfiar perolas.	*Il n'est pas venu pour enfiler des perles.*
Correo até não poder mais.	*Il a couru à perte d'haleine.*
Os peixes maiores comem os menores.	*Les gros poissons mangent les petits.*
Anda de gatinhas.	*Il va à quatre pattes*

Passarão o rio a pé enxuto.	*Ils ont passé la rivière à pied sec.*
Foi apanhado de repente.	*Il a été pris au pied levé.*
A sorte está lançada.	*Le sort en est jeté.*
Apanhar alguma cousa com destreza.	*Prendre quelque chose à la pipée.*
Quem tem dinheiro faz o que quer.	*Avec de l'argent on vient à bout de tout.*
Não quizera estar no seu lugar.	*Je ne voudrais pas être à sa place.*
He hum conto inventado.	*C'est un conte fait à plaisir.*
He abrir a porta a outros.	*C'est faire une planche pour d'autres.*
No maior socego da paz.	*En pleine paix.*
Em guerra aberta.	*En pleine guerre.*
No rigor do inverno.	*En plein hiver.*
No meio do verão.	*En plein été.*
Elle diz disparates.	*Il raisonne à perte de vue.*
Estou com cuidado.	*Je suis en peine.*
Não cabe em si.	*Il ne peut durer dans sa peau.*
Este menino toma máos costumes.	*Cet enfant prend un mauvais pli.*
Hum páo composto parece bem.	*Le beau plumage fait le bel oiseau.*

Quanto mais tem, mais deseja.	*Plus il a, plus il veut avoir.*
Isto se vende a peso de ouro.	*Cela se vend au poids de l'or.*
Elle faz as cousas com peso e medida.	*Il fait les choses avec poids et mesure.*
Estive em termos de o matarem.	*Il fut sur le point d'être tué.*
Por dinheiro baila o perro.	*Point d'argent, point de Suisse.*
Chegou a bom porto.	*Il est arrivé à bon port.*
Não trago dinheiro commigo.	*Je ne porte pas d'argent sur moi.*
Todos os tiros das peças não acertão.	*Tous les coups de canon ne portent pas.*
Não inclina-se ao bem.	*Il ne se porte pas au bien.*
Não he senhor de si.	*Il ne se possède pas.*
Farei quanto me for possivel.	*Je ferai tout mon possible.*
Quanto cabe no possivel.	*Autant qu'il est possible.*
Corre a posta.	*Il court la poste.*
Elle faz valer o seu credito.	*Il fait claquer son fouet.*
Não tem mais que dez escudos por todo.	*Il n'a que dix écus pour tout potage.*
He trabalhar debalde.	*C'est tirer sa poudre aux moineaux.*

Cada hum para si e Deos para todos.	*Chacun pour soi et Dieu pour tous.*
Descubrio o enredo.	*Il a découvert le pot aux roses.*
Lança poeira nos olhos.	*Il jette de la poudre aux yeux.*
Sem dinheiro não ha nada.	*On ne fait rien pour rien.*
A sua vida está na minha mão.	*Sa vie est en mon pouvoir.*
Usa de rodeos.	*Il tourne autour du pot.*
Eu faço quanto pode ser.	*Je fais tout ce qui est possible.*
Não mudará de costume.	*Il a pris son pli.*
Fiar-se na defensiva.	*Se tenir sur la défensive.*
A desconfiança he mai dos discretos.	*La défiance est la mère de la sûreté.*
Foi apanhado em fragrante delicto.	*Il a été pris en flagrant délit.*
Escapar á sordina.	*Déloger sans tambour ni trompette.*
As mãos lhe comem.	*Les mains lui démangent.*
Não temos que disputar.	*Nous n'avons rien à démêler ensemble.*
Quer sahir com a sua.	*Il ne veut pas en avoir le démenti.*

Não quiz desistir da sua opinião.	*Il n'a pas voulu démordre de son opinion.*
Fallar a alguem com arrogancia.	*Parler des grosses dents à quelqu'un.*
Aprendeo á custa alhea.	*Il est devenu sage aux dépens d'autrui.*
Me deu logo em rosto.	*Il m'a déplu d'abord.*
Dar grandes gargalhadas.	*Rire à gorge déployée.*
He levar agoa ao mar.	*C'est porter de l'eau à la rivière.*
Elle pesca em agoa turva.	*Il pêche en eau trouble.*
Agoa vai.	*Gare l'eau.*
Isto faz agoa na boca.	*Cela fait venir l'eau à la bouche.*
Grita antes que o esfolem.	*Il crie avant qu'on l'écorche.*
Quem muito abraça, pouco alcança.	*Qui trop embrasse, mal étreint.*
Não posso deixar de jogar.	*Je ne peux pas m'empêcher de jouer.*
Obra como rei.	*Il agit en roi.*
Pagará o dano.	*Il paiera la folle enchère.*
A muita conversação he causa de menos preço.	*La familiarité engendre le mépris.*
A bom entendedor poucas palavras bastão.	*Le sage entend à demi-mot.*

Entre o martello e a bigorna.	*Entre le marteau et l'enclume.*
Está como o peixe na agoa.	*Il est comme le poisson dans l'eau.*
Nada entre duas agoas.	*Il nage entre deux eaux.*
Trazer alguem entre dentes.	*Avoir une dent contre quelqu'un.*
Elle traz a morte na boca.	*Il a la mort entre les dents.*
Apanhar alguem de repente.	*Prendre quelqu'un au dépourvu.*
De que se trata?	*De quoi s'agit-il?*
Não tem com que pagar.	*Il n'a pas de quoi payer.*
Eu o fiz ás furtadellas.	*Je l'ai fait à la dérobée.*
He máo pagador.	*Il est dur à la desserre.*
Não sei que he feito delle.	*Je ne sais pas ce qu'il est devenu.*
Não sei que será de mim.	*Je ne sais pas ce que je deviendrai.*
Hir de bispo a moleiro.	*Devenir d'évêque meunier.*
Cada dous dias.	*Tous les deux jours.*
Olhei a elle para a cara.	*Je l'ai regardé entre deux yeux.*
Não pode esquecer-se dista affronta.	*Il ne peut digérer cet affront.*

He quanto ha que dizer.	*C'est tout dire.*
O dito, dito.	*Ce qui est dit est dit.*
Não guarda sua palavra.	*Il a son dit et son dédit.*
Dorme como hum arganaz.	*Il dort comme une marmotte.*
Das agoas mansas me livre Deos, que das bravas eu me guardarei.	*Il n'est pire eau que celle qui dort.*
Virão as costas.	*Ils tournent le dos.*
A quem não tem, el rei o dá por livre.	*Où il n'y a pas de quoi, le roi perd ses droits.*
Fazer vir agoa ao moinho.	*Faire venir l'eau au moulin.*
Não ha peor surdo que aquelle que não quer ouvir.	*Il n'y a pire sourd que celui qui ne veut pas entendre.*
Se me dá vontade.	*Si l'envie m'en prend.*
Mais vale ser invejado que compadecido.	*Il vaut mieux faire envie que pitié.*
Tomar o ceo com as mãos.	*Prendre la lune avec les dents.*
Ainda estão por vir.	*Il sont encore à venir.*
Conforme se diz.	*A ce que l'on dit.*
Mais vale hum ruim concerto que huma boa demanda.	*Un mauvais arrangement vaut mieux qu'un bon procès.*

He muito presumido.	*Il se donne de grands airs.*
Andar ás apalpadellas.	*Aller à tâtons.*
Elle tem bom bico.	*Il a bon bec.*
Não he bom zombar com elle.	*Il ne fait pas bon à se jouer à lui.*
Cumprio com sua obrigação.	*Il s'est acquitté de son devoir.*
Elle tem muitos meios para conseguir o que pretende.	*Il a plusieurs cordes à son arc.*
Bem tolo he quem se fia nisso.	*Bien fou qui s'y fie.*
Está armado de punto em branco.	*Il est armé de pied en cap.*
Em boa hora venhas mal se vens só.	*Un malheur n'arrive jamais seul.*
Aconteça o que acontecer.	*Quelque chose qui arrive.*
Elle foi o fabricador da sua fortuna.	*Il a été l'artisan de sa fortune.*
Eu posso muito com elle.	*J'ai un grand ascendant sur lui.*
Busca o seu asno, e está em cima delle.	*Il cherche son âne, et il est monté dessus.*
Eu vos pagarei adiantado.	*Je vous paierai d'avance.*
Na terra dos cegos, o que tem hum olho he rei.	*Dans le pays des aveugles, les borgnes sont les rois.*

Por mal que succeda.	*Au pis aller.*
Dito e feito.	*Aussitôt dit, aussitôt fait.*
Quem serve ao altar ha de viver do altar.	*Il faut que chacun vive de son métier.*
Do dito ao feito vai muita differença.	*Autre chose est de dire, et autre chose est de faire.*
Isto he outro cantar.	*C'est une autre chanson.*
Asno de muitos, lobos o comem.	*L'âne de la commune est toujours le plus mal bâté.*
Segundo estou vendo.	*A ce que je vois.*
Vierão a mim a braço partido.	*Ils sont venus à moi bras-dessus bras-dessous.*
Está com os braços cruzados.	*Il reste les bras croisés.*
Lançar-se nos braços de alguem.	*Se jeter dans les bras de quelqu'un.*
Quem se faz de mel, as moscas o comem.	*Qui se fait brebis, le loup le mange.*
Não ha cavallo, por bom que seja, que não tropece.	*Il n'y a si bon cheval qui ne bronche.*
Toquei no alvo.	*J'ai touché au but.*
Elle çobre o seu jogo.	*Il cache son jeu.*
Elle tem liberdade para fazer o que quizer.	*Il a carte blanche.*

He hum embusteiro.	*Il est sujet à caution.*
Deixou o certo pelo incerto.	*Il a quitté le certain pour l'incertain.*
Carne carne cria.	*La chair nourrit la chair.*
Não he carne nem peixe.	*Il n'est bon ni à rôtir ni à bouillir.*
Elle se poz em salvo.	*Il a gagné les champs.*
Não perdem nada na troca.	*Ils ne perdent rien au change.*
Eu lhe tirei o chapeo.	*Je lui ai ôté mon chapeau.*
Estou sobre as brazas.	*Je suis sur les épines.*
A bom gato bom rato.	*A bon chat bon rat.*
Fazer torres de vento.	*Bâtir des châteaux en Espagne.*
Fugir do fogo e cahir nas brazas.	*Tomber de fièvre en chaud mal.*
Hir-se sem se despedir de ninguem.	*Emporter le chat.*
Gato escaldado da agoa fria tem medo.	*Chat échaudé craint l'eau froide.*
Eu sou de carne e osso.	*Je suis de chair et d'os.*
Mais vale hum passaro na mão que cem que vão voando.	*Un tiens vaut mieux que deux tu l'auras.*

Elle me recebeo com os braços abertos.	*Il m'a reçu à bras ouverts.*
He feito à mão.	*C'est fait à la main.*
Eu tenho isso por feito.	*Je compte là-dessus.*
Isto he como pintado.	*C'est fait à peindre.*
Não he ainda de dia.	*Il ne fait pas encore jour.*
Vivem ganhando de comer.	*Ils vivent au jour la journée.*
Quem o feio ama, formoso lhe parece.	*Ce qu'on aime paraît beau.*
He feio como elle mesmo.	*Il est richement laid.*
Tomar huma cousa ao pé da letra.	*Prendre une chose au pied de la lettre.*
Em fallando do ruim, olhai para a porta.	*En parlant du loup, on en voit la queue.*
Estou no caso.	*Je suis au fait.*
Elle he intelligente.	*Il entend bien son fait.*
Estar sujeito a alguem.	*Être sous la main de quelqu'un.*
Achou forma do seu sapato.	*Il a trouvé chaussure à son pied.*
He largo de consciencia.	*Il a la conscience large.*
Comeu o pão que o diabo amassou.	*Il a mangé de la vache enragée.*

Tenho memoria de gallo.	*J'ai une mémoire de lièvre.*
Faz delle o que quer.	*Il le mène par le bout du nez.*
Pôr o carro diante dos bois.	*Mettre la charrue devant les bœufs.*
Eu puz o negocio em termos.	*J'ai mis l'affaire en train.*
Sentou-se á mesa.	*Il se mit à table.*
Dá seu dinheiro a juro.	*Il place son argent à intérêt.*
Não pèço mais que o meu.	*Je ne demande que le mien.*
Mais vale hum toma que dous te darei.	*Un tiens vaut mieux que deux tu l'auras.*
Mais vale calar que mal fallar.	*Il vaut mieux se taire que mal parler.*
Tomou o seu partido.	*Il a pris fait et cause pour lui.*
Estou costumado a isso.	*Je suis fait à cela.*
Fazem delle todo o que querem.	*Ils en font tout ce qu'ils veulent.*
Expoem-se a desatinos.	*Il se fait des affaires.*
He hum valentão.	*C'est un avaleur de charrettes ferrées.*
Não necessita de nada.	*Il ne manque de rien.*
O barato sahe caro.	*On n'a jamais bon marché de mauvaise marchandise.*

Está inquieto.	*Il a martel en tête.*
Não tomeis a mal.	*Ne trouvez pas mauvais.*
Ao mentiroso convem ter boa memoria.	*Il faut qu'un menteur ait bonne mémoire.*
He cousa sem fim.	*C'est la mer à boire.*
A ociósidade he mai de todos os vicios.	*L'oisiveté est la mère de tous les vices.*
Prometter montes de ouro.	*Promettre monts et merveilles.*
Eu o fiz andar ás direitas.	*Je l'ai mis sur le bon pied.*
A qual melhor.	*A qui mieux mieux.*
Tem cara de espia.	*Il a la mine d'un espion.*
Morde no anzol.	*Il mord à l'hameçon.*
Morreo de morte natural.	*Il est mort de sa belle mort.*
Quem se pica alhos come.	*Que celui qui se sent morveux se mouche.*
Pegar a alguem pela palavra.	*Prendre quelqu'un au mot.*
Está apanhando moscas.	*Il gobe les mouches.*
Não tem animo.	*C'est une poule mouillée.*
Estou feito huma soupa.	*Je suis mouillé jusqu'aux os.*
Torna ao seu proposito.	*Il revient à ses moutons.*

Come a dous carrilhos.	*Il tire d'un sac deux moutures.*
He buscar cinco pés ao carneiro.	*C'est vouloir tirer de l'huile d'un mur.*
Enfadou-se.	*Il a pris la mouche.*
Fallou claramente.	*Il a tranché le mot.*
Não se dá por entendido.	*Il ne fait semblant de rien.*
Isso não faz ao caso.	*Cela ne fait rien.*
Presumir de discreto.	*Faire le bel esprit.*
Elle se pôz no perigo.	*Il s'est mis dans la gueule du loup.*
O vestido não faz o frade.	*L'habit ne fait pas le moine.*
He obra de muito trabalho.	*C'est un ouvrage de longue haleine.*
Tratar mal a alguem de palavras.	*Traiter quelqu'un de haut en bas.*
Depois do lobo farto, se fez hermitão.	*Quand le diable fut vieux, il se fit hermite.*
Eu o farei no meu vagante.	*Je le ferai à mes heures perdues.*
Espero-o por instantes.	*Je l'attends d'un moment à l'autre.*
Busca as cousas donde não estão.	*Il cherche midi à quatorze heures.*
O homem propoem e Deos dispoem.	*L'homme propose et Dieu dispose.*
Atirar com o cabo atraz do machado.	*Jeter le manche après la coignée.*

Jogo de mão, jogo de villão.	*Jeu de main, jeu de vilain.*
A hum impossivel ninguem está obrigado.	*A l'impossible nul n'est tenu.*
Elle he homem para todo.	*C'est un homme à tout faire.*
Elle vive de calotes.	*C'est un chevalier d'industrie.*
Eu o dizia com boa vontade.	*Je le disais à bonne intention.*
He huma fogueira.	*C'est un feu de joie.*
A fortuna faz zombaria dos homens.	*La fortune se joue des hommes.*
Jogão largo.	*Ils jouent gros jeu.*
Elle faz bem seu papel.	*Il joue bien son rôle.*
Quem tem lingua vai a Roma.	*Avec une langue on va à Rome.*
Quer fazer crer que o ceo he huma cebola.	*Il veut faire croire que des vessies sont des lanternes.*
A occasião faz o ladrão.	*L'occasion fait le larron.*
Não faz cousa de proveito.	*Il ne fait rien de bon.*
Eu estava mão sobre mão.	*J'étais les bras croisés.*
Estou em jejum.	*Je suis à jeun.*
Está a pique de morrer.	*Il est sur le point de mourir.*

Estou descalço.	*Je suis pieds nus.*
Hiremos de meias.	*Nous serons de moitié.*
Está com o pé no estribo.	*Il a le pied dans l'étrier.*
Não he necessario acordar a quem dorme.	*Il ne faut pas réveiller le chat qui dort.*
He ligeiro de cascos.	*Il a la tête à l'évent.*
Não ha regra sem excepção.	*Il n'y a pas de règle sans exception.*
Quem se escusa, se accusa.	*Qui s'excuse, s'accuse.*
Não fiz isto de proposito.	*Je ne l'ai pas fait exprès.*
Serve de fabula e de riso a todo o mundo.	*Il sert de fable et de risée à tout le monde.*
Os negocios mudarão de semblante.	*Les affaires ont changé de face.*
He huma friolcira.	*C'est une fadaise.*
Faz que não vê.	*Il fait semblant de voir.*
Elle se faz desentendido.	*Il fait semblant de ne pas entendre.*
Elle deo o primeiro passo.	*Il a fait les avances.*
Elle tem perdido com muito gosto.	*Il a perdu de gaîté de cœur.*
Estava de joelhos.	*Il était à genoux.*
Gosto daquillo que he bom.	*J'aime ce qui est bon.*

Sobre o gosto não ha disputa.	*Il ne faut pas disputer des goûts.*
Não vejo nada.	*Je n'y voit goutte.*
Está passado de suor.	*Il sue à grosses gouttes.*
De boa ou má vontade ha de vir commigo.	*Bon gré malgré il viendra avec moi.*
Tirar a braza com a mão do gato.	*Se servir de la patte du chat pour tirer les marrons du feu.*
Eu fiz hum disparate.	*J'ai fait un beau chef-d'œuvre.*
He preciso não andar por rodeos.	*Il ne faut pas aller par quatre chemins.*
Quem busca acha.	*Qui cherche trouve.*
A cavallo dado não se lhe olha para o dente.	*A cheval donné on ne regarde pas la dent.*
Tomar a occasião pelos cabellos.	*Prendre l'occasion par les cheveux.*
Entre duas luzes.	*Entre chien et loup.*
Isto não vale hum cominho.	*Cela ne vaut pas une obole.*
Lançar por esses trigos.	*Aller à travers les choux.*
Se o ceo cahir, nos colherá debaixo.	*Si le ciel tombait, il y aurait bien des alouettes prises.*
Revolver ceo e terra.	*Remuer ciel et terre.*
Não penetrou este negocio.	*Il n'a pas vu clair dans cette affaire.*

Eu lhe fallei sem dissimulação.	*Je le lui ai dit clair et net.*
Elle tem campo largo.	*Il a la clef des champs.*
Cometterá hum erro.	*Il fera un pas de clerc.*
Dar de olho a alguem.	*Faire un signe de l'œil à quelqu'un.*
Está pago da sua opinião.	*Il est coiffé de son opinion.*
Está enfeitiçado desta mulher.	*Il est coiffé de cette femme.*
Olhar com o rabo do olho.	*Regarder du coin de l'œil.*
Elle me tem pagado em dinheiro de contado.	*Il m'a payé argent comptant.*
Eu tomo isso sobre mim.	*Je prends cela sur moi.*
Não acho a minha conta.	*Je ne trouve pas mon compte.*
Avalia isto em nada.	*Il compte cela pour rien.*
Trocar hum cavallo torto por hum cego.	*Changer son cheval borgne contre un aveugle.*
Comprar gato em sacco.	*Acheter chat en poche.*
Tomar o rabão pelas folhas.	*Brider son cheval par la queue.*

He claro como hum crystal.	*C'est clair comme le jour.*
Tomar alguma cousa a peito.	*Prendre une affaire à cœur.*
Isso me dá pezares.	*J'ai cela sur le cœur.*
Não sabe quantos são cinco.	*Il ne peut pas dire quatre.*
Fez mal a sua conta. Fez a conta sem a hospeda.	*Il a compté sans son hôte.*
Saber o favoravel e o contrario.	*Savoir le pour et le contre.*
Toma todo ao revez.	*Il prend tout à contre-sens.*
Tem o diabo no corpo.	*Il a le diable au corps.*
De huma via fazer dous mandados.	*Faire d'une pierre deux coups.*
Ganhar por mão.	*Couper l'herbe sous le pied.*
Sou muito fraco de memoria.	*J'ai la mémoire fort courte.*
Fiar depois de ter a mão na bolsa.	*Faire crédit de la main à la bourse.*
Não faz senão gritar.	*Il ne fait que crier.*
Não ha fechadura tão forte que huma gazua de ouro não possa abrir.	*La clef d'or ouvre toutes les portes.*
Cresce a palmos.	*Il croît à vue d'œil.*

Não tem dinheiro.	*Il n'a pas le sou.*
Tantas vezes vai o cantaro a fonte até quebra.	*Tant va la cruche à l'eau, qu'à la fin elle y reste.*
Come até mais não poder.	*Il mange à ventre déboutonné.*
Fazer mal a hum para fazer bem a outro.	*Découvrir saint Pierre pour couvrir saint Paul.*
O matou defendendo o seu corpo.	*Il l'a tué à son corps défendant.*
Fallar com imperio.	*Monter sur ses grands chevaux.*
Elle tem boa ponta de lingua.	*Il ne manque pas par le bec.*
Está em Paris.	*Il est à Paris.*
A minha casa se aluga.	*Ma maison est à louer.*
Está desconfiado dos medicos.	*Il est abandonné des médecins.*
Elle deixou todo a boa ventura.	*Il a tout laissé à l'abandon.*
Para que he isso?	*A quoi bon cela?*
Pequena chuva abate grande vento.	*Petite pluie abat grand vent.*
Cão que ladra não morde.	*Chien qui aboie ne mord pas.*
Estão em grande aperto.	*Ils sont aux abois.*
O que abunda não faz mal.	*Ce qui abonde ne nuit pas.*

Todo isso parará em nada.	*Tout cela n'aboutira à rien.*
Longe da vista, longe do coração.	*Loin des yeux, loin du cœur.*
Elle se morre de tristeza.	*Il est accablé de tristesse.*
Estou cahindo com sono.	*Le sommeil m'accable.*
Elle lança mão de todo o que acha.	*Il s'accommode de tout ce qu'il trouve sous sa main.*
Estão como cão com gato.	*Ils s'accordent comme chiens et chats.*
Elle presume muito de si mesmo.	*Il s'en fait beaucoup accroire.*
A quem procurais vos? Vindes mal encaminhado, porque não sou quem vós imaginais.	*A qui vous adressez-vous? Vous vous êtes mal adressé, vous me prenez pour un autre.*
Fazer bem as suas cousas.	*Faire bien ses affaires.*
Ella tem a lingua bem aguda.	*Elle a la langue bien affilée.*
Elle he prompto de mãos e lingua.	*Il a bec et ongles.*
Estou de espreita.	*Je suis aux aguets.*
Ajuda-te, que Deos te ajudará.	*Aide-toi, Dieu t'aidera.*
Não bate mais que huma aza.	*Il ne bat que d'une aile.*

Quem ama a Beltrão, ama o seu cão.	*Qui aime Bertrand, aime son chien.*
Apanhar a pela no pulo.	*Prendre la balle au bond.*
Por mais que olhe, não vejo nada.	*J'ai beau regarder, je ne vois rien.*
Se escapou de boa.	*Il l'a échappée belle.*
Eu vos darei muito que fazer.	*Je vous donnerai bien de la besogne.*
Gasta o que está por ganhar.	*Il mange son blé en herbe.*
He nunca acabar.	*C'est la mer à boire.*
Quem fez a loucura ha de pagala.	*Celui qui a fait la folie doit la boire.*
Elle não sabe que faça.	*Il ne sait plus de quel bois faire flèche.*
Quando for servido.	*Quand bon vous semblera.*
He de boa vontade.	*C'est de bon cœur.*
Conta e razão sustenta a amizade.	*Les bons comptes font les bons amis.*
Tenho seu nome na ponta da boca.	*J'ai son nom sur le bout de la langue.*
Elle diz todo o que lhe vem á boca.	*Il dit tout ce qui lui passe par la tête.*
Ella se faz melindrosa.	*Elle fait la petite bouche.*
Eu lhe tapei a boca.	*Je lui ai fermé la bouche.*
Elle faz todo a trochemoche.	*Il fait tout à boulevue.*

Sahi de hum grande perigo.	*Je me suis tiré d'un grand bourbier.*
Quem compra e mente na bolsa o sente.	*Il ment aux dépens de sa bourse.*
Sempre estou em pé.	*Je suis toujours debout.*
Isso me faz ter vontade.	*Cela me fait venir l'eau à la bouche.*
Comprei isso a vulto.	*Je l'ai acheté à boule-vue.*
Não posso sahir com isso.	*Je n'en peux pas venir à bout.*
No cabo, de que serve isso?	*Au bout du compte, qu'en résulte-t-il?*
Tem cem escudos de sobra.	*Il a cent écus de bon.*
Governa tua boca conforme tua bolsa.	*Selon ta bourse gouverne ta bouche.*
He preciso fazer da necessidade virtude.	*Il faut faire de nécessité vertu.*
Fazer de huma pulga hum cavallo.	*Faire d'une mouche un éléphant.*
Cada louco com a sua teima.	*Chacun a sa folie.*
Elle mette-se em todo.	*Il fourre son nez partout.*
São novidades de fresco.	*Ce sont des nouvelles fraîches.*
Elle tem os cotovelos livres.	*Il a ses coudées franches.*

Não vos tomeis com elle.	*Ne vous y frottez pas.*
Não ha nenhum fogo sem fumo.	*Il n'y a pas de feu sans fumée.*
Elle me fará tornar louco.	*Il me fera devenir fou.*
Mostrar boa cara na adversidade.	*Faire bonne mine contre mauvais jeu.*
Elle he valido d'el rei.	*Il est en faveur auprès du roi.*
Quem tem a culpa, pague a pena.	*Celui qui casse les verres les paye.*
Gela a fazer estalar as pedras.	*Il gèle à pierre fendre.*
Elle he de bronze.	*Il a un corps de fer.*
He preciso lograr da occasião.	*Il faut battre le fer pendant qu'il est chaud.*
Eu vos esperarei a pé firmo.	*Je vous attendrai de pied ferme.*
Não ha cada dia festa.	*Ce n'est pas tous les jours fête.*
Não daria huma palha por isso.	*Je n'en donnerais pas un fétu.*
Matar com faca de páo.	*Faire mourir à petit feu.*
Isso está pendente de hum fio.	*Cela ne tient qu'à un fil.*
A flor da agoa.	*A fleur d'eau.*
Ella olha com agrado para elle.	*Elle lui fait les yeux doux.*

Eu o enviarei a passear.	*Je l'enverrai promener.*
Não exceptua a ninguem, diz mal de todo o mundo.	*Il n'épargne personne, il médit de tout le monde.*
Está de vinte e cinco alfinetes.	*Il est tiré à quatre épingles.*
Os mais sabios podem errar.	*Le plus habile peut se tromper.*
Quem espera desespera.	*L'attente fait mourir.*
Depois do asno morto cevada ao rabo.	*Après nous le déluge.*
Não ha mais cera que a que arde.	*Il n'y a plus d'huile dans la lampe.*
Estão a matar.	*Ils sont à couteau tiré.*
Estão todos de intelligencia.	*Ils se tiennent tous par la main.*
He o ultimo recurso.	*C'est le pis aller.*
Tem pouco dinheiro.	*Il est court d'argent.*
Estou sobre aviso.	*Je suis sur le qui vive.*
Elle se casa com sua opinião.	*Il abonde en son sens.*
Não sabe o que diz.	*Il est au bout de son latin.*
Estou com cuidado.	*Je suis en peine.*
Fazer-se pote de duas azas.	*Faire le pot à deux anses.*

Cada hum pode fazer da sua capa huma saia.	*Chacun peut faire du sien ce qu'il veut.*
Elles lhe tirarão a vida.	*Ils lui feront passer le goût du pain.*
Os dinheiros do sacristão cantando vem, cantando vão.	*Ce qui vient au son de la flûte, s'en va au son du tambour.*
A palavras loucas, orelhas moucas.	*A sotte demande, point de réponse.*
Fazer firmeza em alguem.	*Faire fonds sur quelqu'un.*
Terá muito trabalho.	*Il aura fort à faire.*
He louco rematado.	*Il est fou à lier.*
Tem hum pé na cova.	*Il a un pied dans la fosse.*
Elle verá que homem eu sou.	*Il verra de quel bois je me chauffe.*
Fez isto de sua cabeça.	*Il a fait cela de son chef.*
Em hum abrir e fechar de olhos.	*En un clin d'œil.*
Elle tem o coração na boca.	*Il a le cœur sur les lèvres.*
Eu sei isto de cór.	*Je sais cela par cœur.*
Estamos em terra onde nos conhecem.	*Nous sommes en pays de connaissance.*
Isto veio quando já não era necessario.	*Ce n'est venu qu'après coup.*
Não estima o dinheiro.	*L'argent ne lui coûte rien.*

Em falta de forças, he necessario servir-se de traça.	*Au défaut de la force, il faut employer la ruse.*
Elle tem boa ponta de lingua.	*Il a la langue bien déliée.*
Ficou debaixo neste negocio.	*Il a eu du dessous dans cette affaire.*
Não sabe que fazer de si.	*Il ne sait plus que devenir.*
Elle deve mais dinheiro do que pesa.	*Il doit plus qu'il ne pèse.*
He hum bonacheirão.	*C'est un bon diable.*
Elle faz grande bulha.	*Il fait le diable à quatre.*
Parece cousa do diabo.	*Il semble que le diable s'en mêle.*
Não he tão feio como o pintão.	*Il n'est pas si diable qu'il est noir.*
Elles tem trabalho para viver.	*Ils tirent le diable par la queue.*
Sabe isto na ponta da unha.	*Il sait cela sur le bout du doigt.*
He grande lastima.	*C'est grand dommage.*
Elle leva boa vida.	*Il se donne du bon temps.*
Não sabe onde dar com a cabeça.	*Il ne sait où donner de la tête.*
Não recea cousa alguma.	*Il ne se doute de rien.*

Elle se modera.	*Il met de l'eau dans son vin.*
Não daria huma sede de agoa.	*Il ne donnerait pas un verre d'eau.*
Este negocio fez grande ruido.	*Cette affaire a fait grand bruit.*
Jura como hum desesperado.	*Il jure comme un charretier embourbé.*
Elle fez quantas diligencias pôde neste negocio.	*Il a employé le vert et le sec dans cette affaire.*
Cada hum faz como o entende.	*Chacun fait comme il l'entend.*
Fugirão os passaros.	*Les oiseaux se sont envolés.*
Este negocio está perdido.	*Cette affaire est échouée.*
Elle tem soffrido huma affronta.	*Il a essuyé un affront.*
Terá que fazer commigo.	*Il aura à faire à moi.*
Isto he o que vos convem.	*C'est votre fait.*
Estou bem seguro do meu negocio.	*Je suis sûr de mon fait.*
Não fez isto por falta de dinheiro.	*Il ne l'a pas fait faute d'argent.*
A cidade foi arruinada de todo.	*La ville fut ruinée de fond en comble.*
Isto he muito a moda.	*C'est bien à la mode.*

Esta loja he bem provida.	*Cette boutique est bien assortie.*
Está tão moço como se fora de vinte annos.	*Il est aussi frais que s'il n'avait que vingt ans.*
Não posso acabar nada com elle.	*Je ne peux rien gagner sur lui.*
Isto he zombar da gente.	*C'est se moquer du monde.*
Elle não vê nada.	*Il n'y voit goutte.*
Dormir toda a manhãa.	*Dormir la grasse matinée.*
Folgo de o ter feito.	*Je me sais bon gré de l'avoir fait.*
De noite todos os gatos são pardos.	*La nuit tous les chats sont gris.*
Elle joga o resto.	*Il joue de son reste.*
Eu jogo desgraçadamente.	*Je joue de malheur.*
Tomo isto a meu cargo.	*Je prends cela sur moi.*
Tomar por testemunha.	*Prendre à témoin.*
Matou-o a sangue frio.	*Il l'a tué de sang-froid.*
Não sei o que hei de crer.	*Je ne sais qu'en croire.*
Os amigos conhecem-se nas occasiões.	*Les amis se connaissent au besoin.*

Mais vale só que mal accompanhado.	*Il vaut mieux être seul qu'en mauvaise compagnie.*
Este vestido lhe está bem.	*Cet habit lui sied bien.*
Não poz nada do seu.	*Il n'y a rien mis du sien.*
Não he muito avisado.	*Il n'est pas sorcier.*
Todo lhe vem a pedir de boca.	*Tout lui vient à souhait.*
O bom mantem o seu valor.	*Ce qui est bon se soutient toujours.*
Necessita de fiador para ser crido.	*Il est sujet à caution.*
Imita a seu pai.	*Il suit les traces de son père.*
Esta casa cahe sobre o jardim.	*Cette maison a vue sur le jardin.*
Cerrou a porta atraz de si.	*Il ferma la porte sur lui.*
A morte o arrebatou.	*La mort l'a surpris.*
Dar em que entender a alguem.	*Donner de la tablature à quelqu'un.*
Tem mesa franca.	*Il tient table ouverte.*
Quem cala consente.	*Qui ne dit mot consent.*
Deo aos calcanhares.	*Il a tourné les talons.*
Não vi tal cousa.	*Je n'ai rien vu de pareil.*

Tal amo, tal criado.	*Tel maître, tel valet.*
No tempo dos Affonsinhos.	*Du temps du roi Dagobert.*
Foi-se sem dizer adeos.	*Il a emporté le chat.*
Accommoda-se como tempo.	*Il prend le temps comme il vient.*
A noite nos colheo.	*La nuit nous surprit.*
Tomou este negocio a peito.	*Il a pris cette affaire à cœur.*
Colher a palavra a alguem.	*Prendre quelqu'un au mot.*
Não me deixarei apanhar.	*Je ne me laisserai pas prendre.*
Temos sinalado dia e hora.	*Nous avons pris jour et heure.*
Não sabe por donde comece.	*Il ne sait par quel bout s'y prendre.*
Não ha tempo que perder.	*Il n'y a pas de temps à perdre.*
Está prompto para sahir.	*Il est prêt à sortir.*
Eu o terei por qualquer preço que seja.	*Je l'aurai à quelque prix que ce soit.*
Não se pode repicar e andar na procissão.	*On ne peut pas faire deux choses à la fois.*
Debaixo do risco está a ganancia.	*Qui ne risque rien n'a rien.*

Não virá até o mez que vem.	*Il ne reviendra que le mois prochain.*
Por muito rico que seja.	*Quelque riche qu'il soit.*
De que servem tantos comprimentos?	*A quoi bon tant de façons?*
O rato que não sabe mais que hum buraco, depressa o apanha o gato.	*Une souris qui n'a qu'un trou est bientôt prise.*
Não ha regra sem excepção.	*Il n'y a pas de règle sans exception.*
Não me regulo por isso.	*Je ne me règle pas là-dessus.*
He fino como hum coral.	*Il est fin comme un renard.*
Entretem-se de boas esperanças.	*Il se repaît de bonnes espérances.*
Eu me recolho cedo.	*Je me retire de bonne heure.*
Adeos até mais ver.	*Adieu, jusqu'au revoir.*
Não tem nenhuma boa razão.	*Il n'a ni rime ni raison.*
Não ha atalho sem trabalho.	*Il n'y a pas de rose sans épines.*
Pedra movediça nunca mofo a cobiça.	*Pierre qui roule n'amasse pas de mousse.*
Paga-se de vaidades.	*Il se repaît de vent et de fumée.*

Emprenharão os montes e delles nasceo hum rato.	*La montagne en travail enfante une souris.*
Isto não vale dous reis.	*Cela ne vaut pas un liard.*
Elle fez todo o que podia.	*Il a fait de son mieux.*
Sempre me faz carranca.	*Il me fait toujours la mine.*
Quantos paizes, tantos costumes.	*Chaque pays a ses usages.*
Fallo-vos como amigo.	*Je vous parle en ami.*
He melhor viver contente do que ter muito dinheiro.	*Contentement passe richesse.*
He a melhor laya de homem que nunca houve.	*C'est la meilleure pâte d'homme qui fut jamais.*
Os bons padecem pelos máos.	*Les bons pâtissent pour les mauvais.*
Não tem lugar em que se recolher.	*Il est sur le pavé.*
Está raivando dentro de si.	*Il enrage dans sa peau.*
Dizer mil males de alguem.	*Dire pis que pendre de quelqu'un.*
Elle fe-lo sem cuidar no que fazia.	*Il l'a fait sans y penser.*

Elles cahirão na cilada.	*Ils ont donné dans le piége.*
Hir de mal para peor.	*Aller de mal en pire.*
Seguir a alguem pelo rasto.	*Suivre quelqu'un à la piste.*
As duas horas em ponto.	*A deux heures précises.*
Elle tomou a dianteira.	*Il a pris les devans.*
Não sabe com quem se tomar.	*Il ne sait à qui s'en prendre.*
Disto em fora, somos bons amigos.	*A cela près, nous sommes bons amis.*
Não ha nada que nos appresse.	*Il n'y a rien qui presse.*
Vai acabando o tempo.	*Le temps presse.*
Estas luvas dão de si.	*Ces gants prêtent.*
Sempre se engana em proveito seu.	*Il se trompe toujours à son profit.*
Seja o que for.	*Quoi qu'il en soit.*
Não quero tantas razões.	*Pas tant de raisonnemens.*
Elle faz todo ás avessas do que se lhe diz.	*Il fait tout à rebours de ce qu'on lui dit.*
Eu não acho em que reparar.	*Je ne trouve rien à redire.*
Não he necessario reparar tanto nas cousas.	*Il ne faut pas y regarder de si près.*

He preciso regular o gasto pela renda.	*Il faut régler sa dépense sur son revenu.*
Estas janellas cahem sobre o jardim.	*Ces fenêtres donnent sur le jardin.*
Cahio logo morto.	*Il est tombé roide mort.*
Tem sahido de hum máo passo.	*Il s'est tiré d'un mauvais pas.*
Não se me dá disso.	*Je ne m'en soucie pas.*
Bem vos entendo, isto basta.	*Je vous entends, cela suffit.*
Não tem razão de queixar-se.	*Il n'a pas sujet de se plaindre.*
Depois disto, não ha mais que fazer.	*Après cela, il n'y a qu'à tirer l'échelle.*
Esta affronta lhe chegou ao vivo.	*Cet affront l'a touché au vif.*
Fizerão-lhe huma peça má.	*On lui a joué un mauvais tour.*
Este negocio vai-se dilatando.	*Cette affaire traîne en longueur.*
Deixai-me trabalhar em quanto estou com este gosto.	*Laissez-moi travailler pendant que je suis en train.*
Estavamos em caminho de nos divertir bem.	*Nous étions en train de nous bien divertir.*
Entrou neste negocio a olhos fechados	*Il a donné dans cette affaire tête baissée.*

Fazenda que agrada está meia vendida.	*Marchandise qui plaît est à moitié vendue.*
Tive alguns longes disso.	*Il a eu quelque vent de cela.*
A perder de vista.	*A perte de vue.*
Entendo bem os meus negocios.	*Je vois clair dans mes affaires.*
Está enfadado contra elle.	*Il lui en veut.*
Não sabe o que quer.	*Il ne sait ce qu'il veut.*
Elle trabalha muito de noite.	*Il travaille beaucoup la nuit.*
Sou homem de palavra.	*Je suis homme de parole.*
Dar em que entender.	*Donner à entendre.*
Isso já lá vai.	*Cela est déjà passé.*
Deo me huma dor.	*Il m'a pris une douleur.*
He cousa de perigo.	*C'est une chose dangereuse.*
Isto não he de crer.	*Cela n'est pas croyable.*
Elle estava vestido de marinheiro.	*Il était vêtu en marinier.*
Deo comsigo no chão.	*Il tomba par terre.*
Elles me derão com a porta na cara.	*Ils me fermèrent la porte au nez.*
Isto vos ha de dar na cabeça.	*Cela vous pend à l'oreille.*

Não me posso ter com riso.	*Je ne puis m'empêcher de rire.*
Faz hoje hum anno e oito dias.	*Il y a aujourd'hui un an et huit jours.*
Que vai de novo?	*Qu'y a-t-il de nouveau?*
Deixai-lo estar.	*Laissez-le faire.*
Deo huma grande queda.	*Il a fait une grande chute.*
Antes que cases, mira o que fazes.	*Avant de te marier, regardes-y à deux fois.*
Tornou atraz com a palavra.	*Il a manqué à sa parole.*
Estou em pernas.	*Je suis nu-jambes.*
Está em corpo.	*Il est tout nu.*
Comemos duas vezes no dia.	*Nous mangeons deux fois le jour.*
Vai em quatro mezes que eu cheguei aqui.	*Il y a près de quatre mois que je suis arrivé ici.*
Não sou de ceremonias.	*Je ne fais point de cérémonies.*
Esta carne não se dá bem commigo.	*Cette viande me fait mal.*
He homem para nada.	*Il n'est bon à rien.*
Elle não he para brincos.	*Il n'entend pas la plaisanterie.*
Elles são vinte por todos.	*Ils sont vingt en tout.*

He o mais máo homem de quantos ha no mundo.	*C'est le plus méchant homme du monde.*
Com o tempo madurão as uvas.	*Avec le temps on vient à bout de tout.*
Muito tempo ha que tem esta enfermedade.	*Il y a long-temps que ce mal le tient.*
Não faz caso de nada.	*Il ne tient compte de rien.*
Cabeça grande, pouco juizo.	*Grosse tête, peu de sens.*
A cabeça me anda a roda.	*La tête me tourne.*
Preciso ver que pé tomarão as cousas.	*Il faut voir quel train prendront les affaires.*
Pesca em agoa turva.	*Il pêche en eau trouble.*
Deo no ponto.	*Il a trouvé le nœud de l'affaire.*
Palavras e pennas o vento as leva.	*Autant en emporte le vent.*
Muda-se como huma grimpa.	*Il tourne comme une girouette.*
A vista dos olhos.	*A vue d'œil.*
A sua casa está junto da minha.	*Sa maison tient à la mienne.*
Se não está mais que nisso, eu não serei dos ultimos.	*S'il ne tient qu'à cela, je ne serai pas des derniers.*

Largo he o prazo.	*Qui a terme ne doit rien.*
Elle he colerico.	*Il a la tête près du bonnet.*
São dous corpos e huma alma.	*Ce sont deux têtes dans un bonnet.*
Importa a vida.	*Il y va de la vie.*
He necessario fazer vida que dure.	*Il faut faire vie qui dure.*
He hum homem com duas caras.	*C'est un homme à deux visages.*
Está prevenido.	*Il est sur le qui vive.*
Vogue a galé, venha o que vier.	*Vogue la galère, arrive ce qu'il pourra.*
Elle quer subir ao ceo sem azas.	*Il veut voler sans ailes.*
Na minha mão está fazelo.	*Il ne tient qu'à moi de le faire.*
Elle se arrependerá disso.	*Il s'en mordra les pouces.*
Anda sempre de hum lado para outro.	*Il est toujours par voie et par chemin.*
Isso he evidente.	*Cela saute aux yeux.*
Todo o peccado consegue o perdão.	*A tout péché miséricorde.*
Em casa do ladrão não lembrar baraço.	*Il ne faut pas parler de la corde dans la maison d'un pendu.*
Elle lhe poz o baraço na garganta,	*Il lui a mis le couteau sous la gorge.*

Huma mão lava a outra e ambas o rosto.	*Un barbier rase l'autre.*
Palavras não enchem barriga.	*Les paroles n'emplissent pas le ventre.*
Barriga farta, pé dormente.	*On dort quand on a le ventre plein.*
Cada qual sente seu mal.	*Chacun sent son mal.*
Lobo faminto não tem assento.	*Ventre affamé n'a point d'oreilles.*
Nunca hum lobo mata outro.	*Les loups ne se mangent pas.*
A passaro dormente tarde entra o cevo no ventre.	*La fortune ne vient pas en dormant.*
A boa fome não ha máo pão.	*A bon appétit il ne faut point de sauce.*

FIM DA TERCEIRA PARTE.

FIN DE LA TROISIÈME PARTIE.

TABOADA COMPARATIVA
DAS MOEDAS, PESOS E MEDIDAS
DE FRANÇA, DE PORTUGAL E DO BRAZIL.

TABLEAU COMPARATIF
DES MONNAIES, POIDS ET MESURES
DE FRANCE, DE PORTUGAL ET DU BRÉSIL.

MONNAIES FRANÇAISES. MOEDAS FRANCEZAS.	VALEUR en Monnaie portugaise. VALOR em Moeda portugueza.	
	Mil reis.	Reis.
OR. OURO.		
Le double-louis *ou* 47 fr. 20 c.	7	552
La pièce de 40 fr.	6	400
Le louis *ou* 23 fr. 55 c.	3	768
La pièce de 20 fr.	3	200
ARGENT. PRATA.		
L'écu de 6 livres *ou* 5 fr. 80 c.	....	928
La pièce de 5 fr.	....	800
L'écu de 3 livres *ou* 2 fr. 75 c.	....	440
La pièce de 2 fr.	....	320

	Valeur en Monnaie portugaise. — Valor em Moeda portugueza.	
	Mil reis.	Reis.
La pièce de 30 sous *ou* 1 fr. 50 c.	....	240
La pièce de 1 fr.	....	160
La pièce de 15 sous *ou* 75 c.	....	120
La pièce de ½ franc *ou* 50 c.	....	80
La pièce de ¼ franc *ou* 25 c.	....	40
CUIVRE.		
COBRE.		
Le décime *ou* 10 centimes.	....	16
La pièce de 10 centimes.	....	16
La pièce de 5 centimes *ou* 1 sou.	....	8

MONNAIES PORTUGAISES.

MOEDAS PORTUGUEZAS.

	Valeur en Monnaie française. — Valor em Moeda franceza.	
	Francos.	Centimos.
OR.		
OURO.		
O dobrão *ou* 25,600 reis.	160	»
A peça de 24,000 reis.	150	»
A dobra *ou* 12,800 reis.	80	»
A peça de 12,000 reis.	75	»
A meia dobra *ou* 6,400 reis.	40	»
A moeda de ouro *ou* 4,800 reis.	30	»
A peça de 4,000 reis.	25	»

	Valeur en Monnaie française. — Valor em Moeda franceza.	
	Francos.	Centimos.
A peça de 3,200 reis	20	»
A meia moeda *ou* 2,400 reis	15	»
A peça de 2,000 reis	12	50
A peça de 16 tostões *ou* 1,600 reis	10	»
O quartinho *ou* 1,200 reis	7	50
A peça de 1,000 reis	6	25
A peça de 8 tostões *ou* 800 reis	5	»
O cruzado de ouro *ou* 480 reis	3	»
ARGENT.		
PRATA.		
A peça de 2 patacas *ou* 640 reis	4	»
O cruzado novo *ou* 480 reis	3	»
O cruzado *ou* 400 reis	2	50
A pataca *ou* 320 reis	2	»
A peça de 12 vintens *ou* 240 reis	1	50
A meia pataca *ou* 160 reis	1	»
A peça de 6 vintens *ou* 120 reis	....	75
O tostão *ou* 100 reis	....	62 ½
A peça de 4 vintens *ou* 80 reis	....	50
A peça de 3 vintens *ou* 60 reis	....	37 ½
O meio tostão *ou* 50 reis	....	31 ¼
CUIVRE.		
COBRE.		
O vintem *ou* 20 reis	....	12 ½
A peça de 10 reis	....	6 ¼
A peça de 5 reis	....	3 ⅛
O real, moeda de conta	....	⅝

POIDS FRANÇAIS. PESOS FRANCEZES.	VALEUR en Poids portugais. — VALOR em Peso portuguez.		
	Arrat.	Onças.	Oitav.
Le myriagramme *ou* 10,000 grammes..	21	12	6 $\frac{52}{72}$
Le kilogramme *ou* 1,000 grammes.....	2	2	7 $\frac{6}{72}$
L'hectogramme *ou* 100 grammes......	....	3	3 $\frac{66}{72}$
Le décagramme *ou* 10 grammes.......	....	.....	2 $\frac{57}{72}$
Le gramme *ou* 100 centigrammes.....	....	.....	$\frac{20}{72}$
Le décigramme *ou* 10 centigrammes...	....	.....	$\frac{2}{72}$
Le centigramme..................	....	.....	$\frac{2}{720}$

POIDS PORTUGAIS. PESOS PORTUGUEZES.	VALEUR en Poids français. — VALOR em Peso francez.	
	Grammas.	Centigr.
O quintal *ou* 4 arrobas.............	58,709	»
A arroba *ou* 32 arrateis............	14,677	»
O arratel *ou* 16 onças..............	458	67
O marco *ou* 8 onças...............	229	33
A onça *ou* 8 oitavas..............	28	66
A oitava *ou* 72 grãos...............	3	58
O grão........................	....	5

MESURES FRANÇAISES.

MEDIDAS FRANCEZAS.

	VALEUR en Mesure portugaise. — VALOR em Medida portugueza.	
MESURES LINÉAIRES. — MEDIDAS DE EXTENSÃO.	Braças.	Palmos.
Le myriamètre *ou* 10,000 mètres......	4,600	»
Le kilomètre *ou* 1,000 mètres.........	460	»
L'hectomètre *ou* 100 mètres..........	46	»
Le décamètre *ou* 10 mètres..........	4	6
Le mètre *ou* 1,000 millimètres........	....	$4\frac{6}{10}$
Le décimètre *ou* 100 millimètres......	....	$\frac{5}{10}$
Le centimètre *ou* 10 millimètres......	....	$\frac{5}{100}$
Le millimètre........................	....	$\frac{5}{1000}$
MESURES DES LIQUIDES. — MEDIDAS DE LIQUIDOS.	Canadas.	Quartilhos.
L'hectolitre *ou* 100 litres.............	71	$2\frac{12}{32}$
Le décalitre *ou* 10 litres.............	7	$\frac{22}{32}$
Le litre *ou* 100 centilitres...........	....	$2\frac{28}{32}$
Le décilitre *ou* 10 centilitres.........	....	$\frac{9}{32}$
Le centilitre.........................	....	$\frac{1}{32}$
MESURES DES GRAINS. — MEDIDAS DE GRÃOS.	Alqueires.	Selamins.
L'hectolitre *ou* 100 litres.............	7	$1\frac{12}{16}$
Le décalitre *ou* 10 litres.............	....	5 [illegible]/16
Le litre *ou* 100 centilitres...........	....	$\frac{9}{16}$
Le décilitre *ou* 10 centilitres.........	....	$\frac{1}{16}$
Le centilitre.........................	....	$\frac{1}{160}$

MESURES PORTUGAISES. MEDIDAS PORTUGUEZAS.	VALEUR en Mesure française. VALOR em Medida franceza.	
MESURES LINÉAIRES. MEDIDAS DE EXTENSÃO.	Metros.	Millimetros.
Á legoa *ou* 2842 braças 8 palmos......	6180	»
A braça *ou* 10 palmos...............	2	174
A vara *ou* 5 palmos................	1	87
O covado *ou* 3 palmos..............	....	652
O palmo *ou* 8 pés e 7 linhas..........	....	217
O pé *ou* 12 pollegadas.............	....	304
A pollegada *ou* 12 linhas...........	....	25
A linha *ou* 12 puntos..............	....	2
MESURES DES LIQUIDES. MEDIDAS DE LIQUIDOS.	Litros.	Centilitros.
O touel *ou* 2 pipas................	870	41 $\frac{2}{10}$
A pipa *ou* 26 almudes..............	435	20 $\frac{6}{10}$
O almude *ou* 2 potes *ou* cantaros.....	16	73 $\frac{9}{10}$
O pote *ou* cantaro *ou* 6 canadas.......	8	37
A canada *ou* 4 quartilhos............	1	39 $\frac{5}{10}$
O quartilho.......................	....	34 $\frac{9}{10}$
MESURES DES GRAINS. MEDIDAS DE GRÃOS.	Litros.	Centilitros.
O moio *ou* 15 fanegas..............	830	40
A fanega *ou* 4 alqueires............	55	36
O alqueire *ou* 2 meios..............	13	84
O meio *ou* 2 quartas...............	6	92
A quarta *ou* 2 oitavas..............	3	46
A oitava *ou* o selamim.............	1	73

TABOA DAS MATERIAS.

TABLE DES MATIÈRES.

PRIMEIRA PARTE.	PREMIÈRE PARTIE.
Vocabulario portuguez e francez.	Vocabulaire portugais et français.

SEGUNDA PARTE.	SECONDE PARTIE.
Dialogos sobre objectos differentes.	Dialogues sur différens sujets.

TERCEIRA PARTE.	TROISIÈME PARTIE.

FIM.

FIN.

DE L'IMPRIMERIE DE CRAPELET.

Ouvrages publiés par M. Hamonière, *qui se trouvent chez le même Libraire.*

Grammaire anglaise simplifiée et réduite à vingt-une leçons, par *Vergani ;* cinquième édition, augmentée par *G. Hamonière. — Paris*, 1817, 1 *vol. in*-12, *cartonné.* 2 fr. 50 c.

A theoretical and practical Grammar of the French Tongue, by Mr. *de Lévizac*, second french édition, revised, carefully corrected and improved by the addition of a Treatise on French Versification, by *G. Hamonière. — Paris*, 1816, 1 *large vol. in*-12, *demi-reliure.* 5 fr.

Le nouveau Guide de la Conversation, en anglais et en français, contenant un vocabulaire, des dialogues et des idiotismes, par *G. Hamonière. — Paris*, 1 *vol. in*-12, *sur beau papier, demi rel.* 3 fr.

Nouveau Dictionnaire de poche français-anglais et anglais-français, contenant tous les mots des deux langues dont l'usage est autorisé ; dans lequel on a inséré les termes de marine et d'art militaire, les prétérits et les participes passés de tous les verbes anglais irréguliers, et où l'on a marqué l'accent de tous les mots anglais, pour en faciliter la prononciation : le tout suivi d'un Dictionnaire mythologique et historique, et d'un Dictionnaire géographique, par *G. Hamonière. — Paris*, 1816, 2 *vol. in*-16, *imprimés sur pap. vél. superfin, rel. en un volume.* 7 fr.

Lettres de lady Marie Wortley Montagu, écrites pendant ses voyages en Europe, en Asie et en Afrique; nouvelle édition, augmentée de beaucoup de lettres qui ne se trouvent pas dans les précédentes; traduction française par *G. Hamonière*, avec le texte en regard. — *Paris*, 1816, 2 *vol. in*-12, *broch.* 6 fr.

Le nouveau Guide de la Conversation, en espagnol et en français, contenant un vocabulaire, des dialogues et des idiotismes; par *G. Hamonière*. — *Paris*, 1815, 1 *vol. in*-8. *pap. vél. broch.* 4 fr.

Vocabulaire français et russe, précédé d'un alphabet et d'un traité de prononciation russes, et suivi d'un tableau comparatif des monnaies, poids et mesures de France et de Russie, par *G. Hamonière*. — *Paris*, *Imprimerie royale*, 1815, 1 *vol. in*-8. *papier vélin*, *broché*. 4 fr. 50 c.

Grammaire française à l'usage des Russes, nouvelle édition, revue, corrigée et augmentée par *G. Hamonière*. — *Paris*, *Imprimerie royale*, 1816, 1 *vol. in*-8. *papier vélin*, *broché*. 5 fr.

Dialogues russes et français à l'usage des deux nations, suivis d'un recueil de phrases familières et de proverbes, par *G. Hamonière*. — *Paris*, *Impr. royale*, 1816, 1 *vol. in*-8. *broché*. 4 fr.

Sous presse, pour paraître incessamment:

Grammaire russe à l'usage des Français, par *G. Hamonière*. 1 *gros vol. in*-8. — Cet ouvrage renferme une très-belle planche gravée, offrant un modèle d'écriture russe.